U0044628

無為丹道 叁

藍石——註解

呂洞賓的詩與道

——仙詩與丹道修行之門

推薦序

浮名浮利兩何堪，回首歸山味轉甘。

舉世算無心可契，誰人更與道相參。

～呂祖七言詩～

有幸能再次為藍師的大作《呂洞賓的詩與道：仙詩與丹道修行之門》為序。

人生的兩大難題，何謂死？為何生？生命的死亡是必然，然而我們對於死亡卻無所知，肉身衰敗後尚有何存？人生在世，若未知於必然的終局，實難思悟出自己為何而生，應如何生？因緣際會，得藍師引領，修煉無為丹道數年，本於無為法，無數次陰陽轉換，百日築基，十月懷胎，三年哺乳，魯鈍之餘於二階陽生過程，得略感受意識之身領悟超越意識之境，窺探識神隱元神顯，或於「苦、集、滅、道」的意識之「滅」，遙望無上正等正覺。此般神奇經歷，竟令筆者對於肉身死意識逝後之所存，有了知死體悟，更牽動出自己對為何生，如何生之凝聚，每個人都有自己修煉丹道的動機，這正是筆者堅持修道一途的重要緣由。

修行丹道，誠如唐純陽子呂洞賓（以下尊稱呂祖）所言「此道非從它外得」、「今機要甚分明，自是眾生力量輕」，心外求法不可得，只能靠自己向內持續不懈地實練實證，此為根本之道。然究竟之法何在？面對眾多道法之古籍，如《道德經》尚有郭店楚簡版、帛書版、傳世版之異，或有漏而難考；再如佛法典經，或梵中譯出入，原始素材究真已難；更有後人望文生義肆加補遺反害真。此外，縱能對古文詞為邏輯考據以解文義，然若未有真實煉，誠如呂祖所言「一本天機深更深，徒言萬劫與千金」，亦僅望文臆義而難得其正法，若能得今人以實煉為基，對照古籍去疑偽萃正淳，將修道程序言明，當屬修道者之幸。

筆者所知，藍師自我修行逾30年，長期大量自修佛學、丹道的知識，持續覺察與中觀，一路堅持實修之路，嘗試各方可能的修行法門，本於實證以求璞真，對於重複出現的實練現象，求教於智或自研於卷。直至2011年首次演化至三階陽生，於2016年再次突破至三階陽生，此間所見大曼陀羅、圓月、金丹真人等內景，遍求身邊已無可解者，可言者眾然真知者無，唯一之途乃鑽研於古人典籍智慧，從佛道二家之眾多經典，反覆對照實練成果，求證於典籍中之次第與描述，得無為法之真精義。

藍師本於罕有之三階陽生實煉經歷，願埋首古籍，嚴謹考據翻查博引，繼出版《悟真篇：無為丹道二》，為初修丹道者註疏解義後，再溯北宋紫陽真人張伯端之思想前源，以呂祖詩集為疇，萃取呂祖道法之機要，而成無為丹道三《呂洞賓的詩與道：仙詩與丹道修行之門》，此萃取之難有二，其一，呂祖不僅為中華歷史上最偉大的道法大師，亦為道教帝君（官敕——純陽演正警化孚佑帝君等）及民間神祇膜拜之神，故關聯著作遍地，本於實煉對照之視角，如何對《太乙金華宗旨》、《鍾呂傳道集》、《靈寶畢法》、《呂祖註解道德經》之疑給予論斷。又對於諸多呂祖詩中，那些為後人託名所為，原詩中那些因後人增刪失真，實屬重大難題。其二，呂祖所在年代恰為駢體文盛行，呂祖善譬喻，例如丹道中的木（烏肝）與金（兔髓）、玄關竅，即有諸多同義異詞，又如呂祖提到「酒」、「醍醐」、「暮醉」等，都是指兔髓金的入陰恍惚，如何找出同義，若非有同質的實煉經歷，實難辨明。

此番渾沌中，藍師以紫陽真人張伯端的《悟真篇》做為基底，建議讀者掌握「五行顛倒」「金木浮沉」真意，於本書初始第一章，先為讀者就重要名詞為解譯。再於眾多呂祖詩中摘選出，第二章《滿庭芳》，讀者閱後即可知何為「天精地髓」、「陰魄陽魂」。第三章《黃鶴賦》，藍師為考據求真，特別選取劉一明（拓）版，並輔以傅金銓版為參，務求還原呂祖之真經義，讀者亦可領悟「七返九還」、「抱元守一」、「煉己」之真義。第四章《鼎器歌》，讀者當可解悟「三個人」所指為何、《悟真篇》「鉛過癸生須急採，金逢望遠不堪嘗」源自呂祖「鉛遇癸生須急采，金逢望遠不堪親」的脈絡、以及如何「知進退」？第五章《真經歌》，如何「西川澗底產黃金。五千四十歸黃道」就可以「正合一卷大藏經」？何時該「須當急采定浮沉」？第六章《沁園春》，「龍虎交媾，進火功夫牛斗危」其中牛斗的正解為何？第七章《敲爻歌》，所謂「也飲酒，也食肉，守定胭花斷淫欲」究竟應如何理解？呂祖所言「花」所指為何？第八章《七言詩》，呂祖真的如傳統印象中的風流倜儻，仗劍江湖？還是如呂祖所說「落魄紅塵四十春，無為無事信天真。生涯只在乾坤鼎，活計惟憑日月輪」？又「出神入定」的真解為何？且看呂祖如何批評出陽神「徒費功夫萬萬年」。

讀此書，果能貫通呂祖反覆所言「坎離顛倒」、「金木浮沉」、「煉己」的大道機要，即能掌握真正丹道修練的程序；誠如呂祖所言「此道幽微知者少，茫茫塵世與誰論」，今有幸藍師注疏解說，尋道之士人得法有途。然若未有實練演化所證為本，而流於呂祖《真經歌》所言「真經歌，真經歌，不識真經盡著魔。人人紙上尋文義，喃喃不住誦者多」，則真經淪為空想豈不枉然！

最後，筆者謹引用前序相同結尾，藍師所著是否完全為真，若能待各位讀者或有心人，日後憑藉自身持之以恆之實練，予以驗證或批駁，本書當屬大成。沒有絕對的盡信，唯有同行者的相互砥礪，自我增長，或許正是我們此生之旨。

序者

心物合一 **鄭克威**

法學博士、國貿碩士、物理學士，現為執業律師

前言

真正的百日築基、十月懷胎、三年哺乳、九年面壁是甚麼？真正的坎離顛倒、金木浮沉、陰魄陽魂、七返九還、金花醍醐是甚麼？本書解密來自於呂洞賓純陽祖師最純粹的金丹修煉之道。

呂洞賓是現代劍仙傳說的原型人物，其作品在《全唐詩》當中共佔了四卷，從第856卷到第859卷都是呂洞賓（呂巖）的七言詩，其中第857卷提到許多關於劍和琴的詩，而這樣的意象，就形成了現代仙俠劇中的仙俠原型——能舞劍彈琴且氣質優雅的上仙。無為丹道系列第三集就來看看這位現代劍仙原型人物，為什麼能影響整個修仙界？上承火龍真人魏伯陽的丹經之王《周易參同契》，下接南派祖師紫陽真人張伯端，其《悟真篇》多處從呂洞賓七言詩改寫，而太極拳祖師張三丰的《無根樹》，也是從呂洞賓的《敲爻歌》改寫而來的。

本書不講「八仙過海」、「狗咬呂洞賓，不識好人心」的民間傳說，只單純看呂洞賓所寫的丹道詩文，看他的思想究竟是甚麼，這一位修仙界祖師到底寫了甚麼，為什麼影響如此深遠，以至於整個修仙界的常用名詞，幾乎大部分來自於呂洞賓，也因此普遍被尊稱為呂祖。

本書也不談以鍾離權為人物設定的鍾呂學說，主因是鍾呂學說是以搬運法為主，這和呂洞賓詩文當中所講述的丹道，有著根本性的巨大差異，可說是南轅北轍完全不同的思路與修行路線，因此本書完全不談鍾呂，只談純粹的呂洞賓詩文，希望能將最純粹的劍仙呂洞賓原來面貌呈現給各位讀者，讓各位看見和《周易參同契》與《悟真篇》一脈相傳的呂祖詩究竟是甚麼模樣。

隨緣信業任浮沉，似水如雲一片心。
兩卷道經三尺劍，一條藜杖七弦琴。
壺中有藥逢人施，腹內新詩遇客吟。
一爵永添千載壽，一丸丹點一斤金。

目錄

第一章　名詞解碼

要理解呂祖的五行修行觀，我們就要先把土省略，這樣會比較簡化流程。先講四個方位——金木水火。金代表西方；木代表東方；水代表北方；火代表南方。

一開始水加火產生木，木屬於陽；木再進入金，金屬於陰。然後木和金之間交替，這就是陰陽交替。不斷地陰陽交替之後，金的後面就會產生第二個陽，這就是陽生，這個陽生狀態就是產生金丹的狀態。

而水就是一般認知所謂的氣；火就是一般認知所謂的神火；木就是一般認知所謂的光；金就是一般認知所謂的入定，完全地意識下沉的那種入定，不是那種還有意識狀態的假入定；陽生就是意識下沉到了極點之後的意識上浮。

有了這個認知之後，再來看水的位置，也就是氣。各位就知道為什麼大部分煉氣功的人看不懂呂祖的丹經了。因為這些人的修煉過程當中，是不存在木和金的狀態的，更別說陽生狀態了。這也就是為什麼煉氣功的人幾乎都煉不成金丹的原因，頂多只能煉成假金丹，也就是木。這也就是為什麼《太乙金華宗旨》是假丹經，因為他把木當成金丹，而這和呂祖詩所說的完全不同，從根本核心程序就完全不同了。

要了解丹經當中「土」的概念，就要從天干和五行的觀念上去看。天干是甲乙丙丁戊己庚辛壬癸。甲乙對應木，甲是陽木，乙是陰木；丙丁對應火，丙是陽火，丁是陰火；戊己對應土，戊是陽土，己是陰土；庚辛對應金，庚是陽金，辛是陰金；壬癸對應水，壬是陽水，癸是陰水。所以我們知道土分成陰陽，為什麼要這麼分？這是因為土是修煉當中心靈的環境，陽土就是在陽的狀態下的心靈環境，陰土就是在陰的狀態下的心靈環境。而土講究的就是要「清淨」，甚至我們可以說「淨土」這個詞原本就是丹道的用詞，在翻譯佛經的時候，被拿去當作某個宗派的名詞了。而因為丹道的概念被搬運法的概念所扭曲取代之後，就很少人能夠理解甚麼叫做丹道修行當中的土了。

在陽的狀態下，水火階段、木的階段都是屬於陽的狀態，此時的意識狀態屬於陽。而陰的狀態就是金的狀態，此時的意識狀態是下沉的，所有的感官已經停止運作了，身體如同熟睡狀態。當然剛開始的時候，身體確實是熟睡了，但是隨著陰陽反復不斷地修煉，會在熟睡的身體裡面，升起深度的覺。這個深度覺會隨著修煉功力的深入，而越來越清楚。這個現象稱為「識神隱，元神顯」，只有帶著陰陽反復修煉的意識下沉到一個程度，才有可能升起這樣的內在覺知。當內在覺知達到極點的時候，睡眠沒有夢，身體睡眠狀態的內在覺知是清醒的。

說到這裡，各位不要誤會清明夢也是內在覺知是清醒的。清明夢是一種夢，夢見自己是清醒的夢。也就是做了一個自以為清醒的夢，就稱為清明夢。真正的清醒，應該是在覺察夢的霎那，就停止作夢，而進入純粹的覺知。

除了在身體睡眠狀態出現內在覺知之外，陰極生陽的第二階段陽生也是特徵之一。當然除了這兩者之外，還有別的特徵，我就不一一說明了。因為當你進入實修，你才有可能一一了解這些細節，否則你亂猜也沒用，沒有煉的人怎麼猜就怎麼錯，這是丹道修行非常大的特徵，沒煉的永遠無法理解整個過程。

回到土的概念，簡單來說，不清淨的陽土就是雜念多，不清淨的陰土就是信念限制，也就是隱藏性欲望所延伸的信念。陽土好處理，有沒有雜念，那是很容易可以覺察的，覺察不到自己的雜念的人，也算是少數，幾乎必須是非常盲目的人，才會無法覺察到自己的雜念，所以這類少數人我們就忽略不算，因為這類人恐怕也無法煉丹道了，丹道對這類人來說，難度太高了。

對一般人來說，不清淨的陰土是比較難理解的，因此丹道修行當中，「煉己」是非常重要的，因為欲望所造成的隱藏性的信念限制是非常難以覺察的。欲望是你想要的，信念是你所相信的事情。

當你因為欲望而相信一件事情，你就有了特定的信念。當你相信的事情越多，你的特定的信念數量就越多。而當這些造成你相信的信念並非來自於你的觀察，而是來自於欲望所內化的，這些信念就會在你的陰土發酵。例如你對外在有所求，你相信有神，在你的陰的狀態，就會出現神的幻境。例如你對靈異力量有所求，相信有鬼，在你的陰的狀態，就會出現鬼的幻境。

你相信甚麼，就會出現甚麼。特別是經由欲望所接收的隱藏性信念就特別會出現相關的幻境。例如你想要超能力，你相信搬運法那套出陽神的概念，或者你相信西方新時代那套靈魂出體概念，你就會產生相對應的幻境，看見你自己在飛的幻境。

這就是煉己為什麼困難所在，在幻境的領域，會出現你所想要的、相信的一切。因此你必須對自己的欲望和隱藏信念非常地覺察，這樣你才能在幻境出現的當下或者事後覺察到這是幻境。如果你沒有這樣的覺察能力，你就會沉溺在幻境當中，你的神火會不斷地往幻境灌注進去，這在丹道裡面就稱為走火入魔。不要以為走火入魔是自發動功那種動來動去的現象，自發功會動是因為氣脈不通暢，所以身體自發用動作打通氣脈。真正的走火入魔是發生在陰土的狀態下。

當沉溺在幻境當中，這就稱為意土不清淨，一旦意土不清淨，特別是在陰土的狀態下，不清淨的意土，就會導致金和木無法陰陽交接，特別是金的部分，煉出來的小藥也無法轉變成大藥，而是往幻境那邊灌注進去了，這樣就煉不成玄珠金丹，只能困在幻境當中。

五行顛倒就是水火加上戊土，也就是清淨陽土，無雜念的心靈環境，才能轉變成木和金的小藥，原本五行是金木產生水火，丹道卻是水火產生金木，過程就需要清靜的陽土。而金木產生金丹則需要己土，也就是清淨陰土，無追逐欲望所產生的信念價值的心靈環境，這樣才能產生金丹。

第二章　滿庭芳

大道淵源，高眞隱秘，風流豈可知聞。
先天一氣，清濁自然分。
不識坎離顚倒，誰能辨金木浮沉？
幽微處，無中產有，澗畔虎龍吟。
壺中眞造化，天精地髓，陰魄陽魂。
運周天水火，燮理寒溫。
十月脫胎丹就，除此外皆是傍門。
君知否，塵寰走遍，端的少知音。

各位如果要讀呂祖的文章，只能讀詩，只有詩才是呂祖寫的，其他的例如《鍾呂傳道集》、《靈寶畢法》、《太乙金華宗旨》都是托名之作，非呂祖本人所寫，這三本書當中所描述的練法，和呂祖詩中所描述的練法，完全是不同的。市面上常看到的大多是以這三本托名之作做為呂祖詩的解釋，筆者認為這三本書和呂祖詩的修行方法完全不同，對於呂祖詩所講的修煉關鍵處，常見多以所謂的「哲學」、「隱喻」等等帶過，等於將最精華的部位金木浮沉棄之無用，卻將前置作業的水火拿來涵蓋一切。

我把幾個關鍵字先給大家說一下，「金木浮沉」、「天精地髓」、「陰魄陽魂」，這三句講的都是同一個現象，就是烏肝和兔髓。金就是兔髓，屬陰，故沉；木就是烏肝。屬陽，故浮。金木交替就是意識的浮和沉。天精一樣是烏肝，天就是陽，陽的精華就是烏肝；地髓一樣是兔髓，地就是陰，地的精髓就是兔髓。陰魄一樣是兔髓，兔髓為魄；陽魂一樣是烏肝，烏肝為魂。

所以各位看得出來了，呂祖練來練去也是一樣，烏肝兔髓，陰陽反覆。張伯端的《悟真篇》是模仿呂祖詩的寫作方式，內容也是承襲呂祖的烏兔陰陽反覆，而且更加明確化。有看過拙著《悟真篇；無為丹道二》，就會對其中烏肝兔髓的定義更清楚，再來看呂祖之後，就會發現《悟真篇》作者紫陽真人張伯端受到呂祖影響非常大。

此處筆者只是簡單帶過，烏肝是一種類似北極光的光，存在的型態跟宇宙第四態電漿非常類似，筆者認為烏肝是電漿的可能性非常高，只是此猜想必須經過科學實驗，希望未來電漿實驗能擴及到人體，解此謎團。兔髓是陰的型態，主要的特徵是意識下沉，烏肝是陽，煉的時候意識是醒的，兔髓是陰，煉的時候意識是下沉，感官在此階段停止運作，形同深睡，卻又不是深睡，因為在後段的時候，會升起更深層的覺知能力，此覺知能力能在感官停止運作的情況下，逐漸清晰，這是經過陰陽反覆所鍛煉出來的。因此兔髓與日常生活中的熟睡類似，但又不同。而且兔髓在晚期會產生類似圓月的小型圓月，因此以兔做為月的代表，同時表現意識入陰與晚期小型圓月內景的特徵。

大道淵源，高眞隱秘，風流豈可知聞。

大道的淵源，高真隱密，豈是普通的風流雅士能夠知道聽聞的？

修道的事情，必須親身修煉到一定的程度，才能知道怎麼回事，一般的知識分子，就算懂得再多，只要沒煉，或者沒煉到一定的程度，都是無法知道其中究竟。

先天一氣，清濁自然分。

這邊的「先天一氣」，指的就是烏肝。從《黃鶴賦》「坎中一點黑鉛，號曰先天」這句話的比對當中可以得知，先天一氣就是坎中一點黑鉛，坎就是水，也就是氣，黑鉛就是烏肝，所以坎水就是後天氣，黑鉛就是先天氣，也就是烏肝木。

烏肝木怎麼產生的呢？就是後天氣，也就是坎水，和離火，加上清淨陽土，也就是戊，水火土三者相加，才能產生清淨的先天氣——烏肝木。後天氣為濁，先天氣為清，靠的是清淨的意土，就能把先天氣烏肝從後天氣坎水當中分離出來。

不識坎離顚倒，誰能辨金木浮沉？

如果不知道甚麼叫做坎離顛倒，又怎麼能分辨甚麼是金木浮沉呢？

「坎」就是水，「離」就是火，「顛倒」指的是五行顛倒，本來是木生火，火生土，土生金，金生水，水生木，所以是木生火，金生水，木金是生水火的，結果丹道裡面是水火生金木，這就是所謂的坎離顛倒，如果這一點不知道，就沒辦法知道甚麼是金木，更別說金木誰是浮誰是沉了。

「木」就是烏肝，「金」就是兔髓，烏肝所屬的狀態，意識屬陽，意識是上浮的，所以非常清醒。而兔髓所屬的狀態，意識屬陰，意識是下沉的，所以身體已經睡著了，六識已經停止運作了。

如果不知道水火生金木，煉功只知道煉氣，只知道水火，那後面的坎離顛倒、金木浮沉，就完全煉不上去了。而這個問題，正是現在丹道最大的危機，省略坎離顛倒、金木浮沉的氣功練習，正在代替著坎離顛倒、金木浮沉的正統丹道，造成正統丹道失傳的危機。

幽微處，無中產有，澗畔虎龍吟。

「幽微處」指的是前面提到的金木浮沉的兔髓金，也就是意識下沉之處，即陽極生陰，陰極即將要生陽之處。「無中產有」指的是從陰極到生陽這個過程，也就是陽生的現象，就是陰的「無」產生陽的「有」。這個「有」是甚麼呢？就是二階段陽生內景，詳細描述可以參考拙著《無為丹道》第一集和第二集。「澗畔虎龍吟」指的是過程中會經過金木的陰陽交替，「虎」就是金，「龍」就是木，「虎龍吟」不是真的龍虎在吟叫，而是一種比喻，金木的陰陽交替發揮作用。「澗畔」就是溪邊，因為金木是由水火而生的，因此用澗來代替水的進化過程。

壺中眞造化，天精地髓，陰魄陽魂。

這個「壺」指的就是玄關竅，玄關竅就是開始出現烏肝的空間，只有烏肝開始出現，玄關才開始打開，所以玄關的開啟是從烏肝木開始的。

這個玄關的壺中才是真正的造化，造化就是自然演化，只有在玄關竅當中的自然演化才是真正的丹道，如果還沒有打開這個烏肝木的玄關竅，就不算是真正的丹道。

烏肝木就是類似極光的一種光，有各種顏色。前面說過，「天精」就是烏肝，因為烏肝木為陽，所以用「天」；「地髓」就是兔髓，因為兔髓金為陰，所以用「地」。同樣的，「陽魂」就是烏肝，「陰魄」就是兔髓，相關解釋，各位可參考拙著《悟真篇；無為丹道二》。所以這裡講的壺中真正的自然演化，指的就是烏肝木和兔髓金的陰陽交替演化。

運周天水火，燮理寒溫。

呂祖詩最大的問題就是不知道哪邊被加料了，像是《鍾呂傳道集》，《太乙金華宗旨》，《靈寶畢法》都是後人托名偽作，造成後代修行者把搬運法當成呂祖丹法。而這句話就非常有可能是加料的，因為前面已經講到「坎離顛倒」，坎離就是水火，也講到「澗畔虎龍吟」，澗就是山間的流水，也是提到了水，所以後面就直接說金木、龍虎、天精地髓、陰魄陽魂，而金木之後，就應該是要結丹了，結果現在又莫名其妙安插了一句「運周天水火」在這裡，還加上「燮理寒溫」，「燮」就是調理，這已經是落了搬運法的下乘，因此這句擺放的位置非常不符合丹道的次第，因此我高度懷疑原來的一句話，被代替掉了，因為也找不到原來的句子，只能持保留態度，把這個質疑留下來。

十月脫胎丹就，除此外皆是傍門。

因為上一句話高度懷疑被替代掉，所以我們把上一句話省略不看，直接看這句話，次第就對了。金木之後，就是金丹，十月脫胎之後，成就金丹，除此之外，皆是旁門。十月懷胎，這個「胎」指的就是尚未成熟的金丹，而「十月脫胎」，指的就是成熟的金丹。尚未成熟的金丹就是從二階段陽生開始，相關的內景描述，請參考拙著《悟真篇：無為丹道二》。

君知否，塵寰走遍，端的少知音。

「君」是你、讀者，你可知道。「塵寰」全天下、到處。你可知道，我走遍天下，卻很少遇到知音。

呂祖的時代跟現在一樣，修道的人很多，但是真正懂金木浮沉的人卻非常少，甚至連呂祖這首感嘆無人懂金木浮沉的詩，都要被搬運法的水火周天插上一腳，真是非常遺憾。

第三章　黃鶴賦

此賦乃祖師在黃鶴樓題書，示龍江子之文，其文已遍流於世，惜其未見刻本，數十年所見者，皆抄錄之文，其中字句錯訛者甚多。求其刻本，終不可得。余恐其久而愈錯愈訛，揀其錯訛稍少者，刊刻普傳，不過暫存於板，非便以此爲成案。若有見刻本者，更望校正更換，刊梓傳世，庶不枉祖師當年啓後之婆心矣。

這段話是劉一明寫的，這首詩的版本是來自劉一明，劉一明找遍了能找的地方，還是找不到原始的刻本，刻本的意思是原來雕刻在黃鶴樓的詩，用拓印的方式記錄下來，而不是手抄本是用手寫的，因為刻本才能取得百分之百的正確。

劉一明為什麼有這種堅持，是因為搬運法竄改丹經的行為非常嚴重，因此這份劉一明版本的《黃鶴賦》已經是劉一明能找到的最好的版本，也就是最少被竄改的版本，但是其中仍有些被竄改的跡象，劉一明沒有為這首《黃鶴賦》寫註解，很可能就是因為他想等到有標準的刻本出現，很可惜一直沒有。

現在我把有問題的一部分挑選出來，呂祖《滿庭芳》有這句話：「先天一氣，清濁自然分。」所以我們可以很清楚地看到呂祖對於「清濁」的定義是「自然分」，但是在這首《黃鶴賦》裡面卻可以看到搬運法的痕跡：「須辨水源之清濁。」很明顯的，兩者是不同的，一個是「自然分」，一個是「須要分辨」。

呂祖詩最大的問題就是明明知道被竄改加料了，但是因為版本太少，無從比對，所以無法百分之百確定哪裡被竄改加料了，幸好有紫陽真人張伯端的《悟真篇》做為基底，只要把「五行顛倒」、「金木浮沉」掌握好，就大概知道哪邊可能被竄改加料了，筆者也會列出不合理之處，把有可能被竄改加料的地方提供給讀者參考。

因為劉一明版跟傅金銓版稍有不同，劉一明時代較早，故以劉一明版為主，傅金銓版為輔。

粵兮（以）！最上一乘，乃無作而亦無爲。（劉版）
奧矣！最上一層，乃無作而亦無爲。（傅版）

第一句是感嘆句，感嘆道是多麼的奧祕，最高級的道，竟然是無作也無為。從這句話我們可以反向推論，應該是有比較低層次的道家修練，是有作有為的，有作有為就是使用各種祕法技巧。所以我們不應該去追逐那些祕法，甚至花大錢受蠱惑，認為有所謂的祕法可以讓自己成就。應該要花時間去深思領悟，到底甚麼是無作，甚麼是無為。至於字尾虛詞是「矣，以，兮」，都不是重點，當然「矣」還是比較順的。

還丹七返，因有動而方有靜。上德者以道全其形，是其

純乾之未破；下德者以術延其命，乃配坎離而方成。（劉版）

還丹七返，因有動而方有靜。上德以道全其形，斯純乾之未破；下德以術延其命，乃撅坎之已成。（傳版）

本段以劉一明版本為主。

後面會提到「七返九還」的詳細定義，這裡我們先了解所謂的「還丹七返」就是二階段陽生的內景，也就是未成熟的金丹，二階段陽生的定義請參考拙著《悟真篇：無為丹道二》。二階段陽生是先陽極生陰，又陰極生陽之後，所產生的內景。而在陽極的過程中屬於動，陰極的過程中屬於靜，雖然二階段陽生是在陰極之後產生的，也就是還丹是在靜之後產生的，但是沒有陽極的動，又何來陰極的靜呢？所以這邊才說「因有動而方有靜」。

這邊講的上德和下德應該是來自於老子《道德經》（馬王堆帛書版）：「上德不德，是以有德。下德不失德，是以無德。上德無為而無以為也。」最後一句的「上德無為而無以為」和《黃鶴賦》的第一句感嘆「最上一層，乃無作而亦無為。」相互輝映，很明顯的，呂祖是讀過《道德經》的，甚至可以這樣說，《黃鶴賦》就是出於對《道德經》上德無為的延伸思想，至於如何無為，下面的文章就會做更進一步的解釋。

「上德以道全其形，斯純乾之未破」，「純乾」就是能產生烏肝木的能力，根據筆者在網路上的調查詢問，大約有三分之一的人是很容易可以產生烏肝木的，甚至有些人沒有經過任何修煉技術，就能直接產生烏肝木。筆者本身就是這類型的人，也就是所謂的純乾未破之人，還沒有失去產生純陽烏肝木能力的人，這樣的人屬於上德，能夠直接進入金木陰陽交替的修道程序，故說「以道全其形」。

而下德之人就是純乾已破，已經無法直接產生烏肝木的狀態，因此必須使用「術」來增加延長命功，所以我們知道使用一些技術，讓身體命功能夠產生純乾烏肝木的狀態，這些技術就屬於下德之人所必須要練習的，也就是大家普遍知道的氣功。因此練氣功就是為了要讓狀態回到能夠產生烏肝木的狀態，烏肝木在拙著《無為丹道》一和二都有說過，是類似北極光的一種內景，練氣功就是為了要讓身體能夠順利產生烏肝木的內景。

「坎」就是坎水，也就是氣，「離」就是火，也就是神，也就是搭配水火神氣修煉才能產生烏肝木，才進入上德之人的純乾狀態，也就是開啟烏肝木狀態。這裡的「乃配坎離而方成。」也就是失去產生烏肝木的下德之人，藉由坎離水火，才能回復到純乾之體，能夠產生烏肝木的身體狀態。

在這裡我們就可以看到一條常見的歧途，就是有不少氣功門派，認為自已練的是丹道，卻又反對烏肝木的產生，認為光的產生是一種「幻境」，認為只要有內景出現都屬於幻境，認為體感才是唯一的道。當我們看到這類型的論調，我們就要知道，這已經是屬於錯解丹經的思想了，而這樣的思想，已經違反了丹道的修練，甚至可以說已經「背道而馳」

了。

是以用陰陽之道，即依世法而修出世之法；效男女之生，必發天機而作泄天之機。（劉版）

是以用陰陽之道，即依世法而修。出世之法，效男女之生，必發天機而作泄天之機。（傅版）

本段採用劉一明版本。

這句銜接上一句，「下德之人以術延其命」，回復上德之人的純乾體質之後，才有辦法以道全其形，「道」是甚麼呢？「一陰一陽之謂道」，這個陽就是能夠產生烏肝木的陽的狀態，陰就是能夠產生兔髓金的狀態，這金木浮沉陰陽交替才能以道全其形。這種一陰一陽之法，類似一男一女，所以稱為「世法」，像世間男女生孩子一樣，一個陰一個陽才能生出孩子。而修道這種「出世」之法也是需要一陰一陽，陽就是產生烏肝木的陽，陰就是產生兔髓金的陰。

「必發天機而作泄天之機」這句話源自《陰符經》：「天發殺機，斗轉星移；地發殺機，龍蛇起陸；人發殺機，天地反覆；天人合發，萬化定基。」這種仿效男女生子的陰陽修道方式，就是一種洩漏天機的修練方式，必然引發天地運作的自然機制。

方欲性命以雙修，須仗法財而兩用。先結同心爲輔佐，次覓巨室以良圖。（劉版）

方其性命以雙修，須仗法財而兩用。先結同心爲輔佐，次覓巨室以良圖。（傳版）

本段以劉一明版本為主。

上一段講到陰陽之道，陽為烏肝木，命功；陰為兔髓金，性功；修陰陽之道，就是性命雙修，但是因為木金浮沉失傳了，所以世人皆認為所謂的性命雙修，就是練氣功加上好脾氣這種比較表面的東西，卻把真正的丹道修練給失傳了。

陰陽之道，性命雙修，必須要有法，這個法，我們從現在傳世的方法來看，已經是失傳狀態了，今天各位有機會可以藉此接觸呂祖原本的丹法，應該要好好把握，努力修練。除了法之外，也要有財，如果沒有一定的收入來源，恐怕也沒辦法靜下心來真正的修練，畢竟修練是非常花費時間的。「法」就是方法，「財」就是時間，必須要有錢財，才能有時間。

「同心」就是志同道合的道友，結交志同道合的道友，互相鼓勵，這樣才能走得長遠，一個人走得快，但是要走得遠，還是需要一群人，互相支持勉勵，修道是漫長的堅持，若沒有過人的毅力，就必須要有道友的扶持。

「巨室」，巨大的房室。「良圖」，好的企圖、好的謀略、策劃。再次就是尋覓巨大的房子作為良好的策劃，為什麼要大房子呢？這裡就藏著奧祕了，為什麼呂祖需要大房子？如果呂祖只靠打坐，需要大房子嗎？所以從大房子我們就可以推知，呂祖不可能只有靠打坐，只有打坐不會用到大房子，而且呂祖詩經常提到劍，可知呂祖經常舞劍，呂祖不可能只有坐著不動打坐，肯定動靜皆練，否則第一句就不會說「有動而方有靜」。

然欲希世之妙道，須密叩於玄關。擇善地，慎事之機密，置丹房，器皿之相當。（劉版）

然欲希至道，須密叩玄關。擇善地慎事之機密，置丹房器皿之相當。（傅版）

本段採用劉一明版本。

然而要達到「希世之妙道」，就要開啟神祕的玄關，「希」同「稀」。前面說過道就是陰陽，烏肝木和兔髓金的陰陽浮沉交替，丹道的陰陽修練都在玄關內練，產生烏肝木就是玄關的開啟。要開啟玄關就需要選擇好的地方「擇善地」，干擾太多是很難練的，一下子這邊吵，一下子那邊鬧，捨不下這些吵鬧的原因，例如家人或寵物之類的，就很難練得深。不管是烏肝木或者兔髓金，都已經是進入禪定狀態，在一個吵雜的環境，是很難練的。所以要「慎事之機密」，「事」就是煉丹道這件事情，要謹慎地保持機密，不要像公園煉氣功的，還掛個紅布條，找一群人，放音樂，大搖大擺的，像跳廣場舞似的，這種情況，請問怎麼入定呢？另外要入深定的話，也要有丹房，專門煉丹的房間，理由同上，如果與多人共房，其他人的吵雜噪音，就很難讓自己順利入深定。至於器皿翻譯成器材，但是實際上練的時候，是不需要甚麼器材的，因此懷疑器皿可能只是房間的佈置用品而已。

安爐立鼎，配內外兩個陰陽；煉已築基，固彼我一身邦國。（劉版）

安爐立鼎，譬內外兩個乾坤，煉已築基，固彼我一身邦國。（傅版）

本段採用劉一明版本。

爐鼎都是玄關，內外兩個陰陽。這邊關於內外兩個乾坤有兩個解釋，一個是水火為外和金木為內，一個是金為內，木為外。我們從後面的「玉液金液，一了性而一了命」，知道呂祖所講的兩個陰陽，基本上都還是以金木為主，金為性，為陰；木為命，為陽。加上玄關就是爐鼎，玄關在水火階段是還沒打開的，只有在烏肝木才開始打開，因此這裡我們把呂祖的兩個乾坤，解釋成內坤兔髓金，外乾烏肝木，金和木兩個乾坤。

「煉已」的已不是自己，而是土的代號，戊已的已。已為陰土，代表信念、價值觀、思想。煉已不是修煉自己，而是內修信念價值觀，與中觀覺察的性功修煉同樣的意思。換言之，煉已就是煉清淨意土的陰土，就是煉性功。戊土是陽土，是在陽狀態下的意土；已土就是陰土，是在陰狀態下的意土。陽狀態下意識流念頭都還在運作，這個狀態的意土就是戊土；陰狀態下的意識流念頭都已經停止運作，但是還有更深的信念價值觀思想，這是隱藏更深的陰土，這個部分屬於兔髓金的範圍。

例如思想上認定烏肝木就是金丹，就會把注意力一直集中在烏肝木的凝聚，而這種思想就是意土不清淨，本該放掉意識心，進入更深層的恍惚禪定，卻因為思想上的成見，把注意力凝聚在烏肝木上，這種就是屬於思想價值造成的意識執念，而造成的己土不清淨，這種己土不清淨，就是造成兔髓金無法出現的最大原因之一。

「築基」，基就是身體的基礎——命功，築基就是修煉命功。也就是從水火練到烏肝木這個部分是屬於築基，從沒有氣練到有氣，從沒有光練到有光，到出現烏肝光的時候，就是築基完成，因此如果沒有出現烏肝木就表示沒有築基完成。

可以說烏肝木的修練就是築基，兔髓金的修練是練己。因此煉己築基就是性命雙修，煉己就是性功，築基就是命功。「固彼我一身邦國」，就是性命雙修才是基礎功，「彼」就是他，代表外在，為烏肝木；「我」代表內在，為兔髓金。命功就是彼，外在；性功就是我，內在。

對景忘情，須憑銳氣之勇猛；煨爐鑄劍，全借金水之柔剛。（劉版）

緊關對境忘情，憑銳氣之勇猛；大抵煨爐鑄劍，借金水之柔剛。（傅版）

這裡採用的是傅金銓版，因為劉一明版少了「緊關」二字，感覺意義上少了一個時機的描述。「緊關」緊要關頭，跟下一句的「險」講的應該是同一個狀況，也就是要轉換的時機，要轉換的時機有三個，一個是水火階段即將轉換為烏肝木的階段，第二個是烏肝木要轉換為兔髓金的階段，第三個是兔髓金即將七返九還產生二階段陽生，但是後面那句話「憑銳氣之勇猛」就可以過濾掉第三種可能，因為兔髓金不可能有「銳氣」，而更後面兩句「大抵煨爐鑄劍，借金水之柔剛」講的正是烏肝木轉兔髓金的狀況，也就是第二種狀況，所以「緊關對境忘情，憑銳氣之勇猛」講的應該就是第一種轉換的緊要關頭，也就是剛開始要「安爐立鼎」之際，也就是水火轉烏肝木的關頭。

「安爐立鼎」之際，水火煉氣階段，憑藉著勇猛的銳氣，強烈的氣感，引發烏肝木要產生的契機，烏肝木產生就等同「安爐立鼎」完成，這個時機要「對境忘情」，如果執著於「勇猛銳氣」，則將無法順利安爐立鼎。各位要知道，爐鼎就是玄關，對一個只有氣感的人來說，是沒有爐鼎（玄關）的，爐鼎玄關並非身體的特定部位，而是類似颱風眼一樣，或者電磁場一樣，得先有氣產生一個場，這個場才能安爐立鼎打開玄關竅，而丹道裡面的場的產生就是烏肝木，烏肝木產生，這個場就成功建立，爐鼎成功建立。

所以這裡有兩個歧途，一個就是執著於「勇猛銳氣」，也就是強烈的氣感，追逐強烈的氣感，這樣就無法安爐立鼎。另外一個歧途就是以為烏肝木的產生就是金丹了，其實只是剛開始安爐立鼎，還沒開始陰陽反覆修煉。這兩的歧途都非常常見，一則常見於氣功修煉，一則常見於以《太乙金華宗旨》為主的修煉門派。前面說過，《太乙金華宗旨》屬於乩童所寫的旁門左道，並非呂祖詩當中所傳授的正統丹道，因為被西方人翻譯成英文之後，以訛傳訛，造成聲勢浩大，以致於這樣的歧途變得更加常見。

前一句講的是水火轉烏肝木的安爐立鼎緊要關頭，後一句講的自然就是烏肝木轉兔髓金的重要訣竅。就像是鑄劍一樣，「煨」這個字的意思就是用火的灰燼餘火來燒煮，所以這裡講「煨」就非常重要，跟前一句相呼應，也就是兔髓金的修練，是靠著烏肝木的餘火，兔髓金是沒有用火的，也就是進入兔髓金的陰狀態是一種「止火」的狀態，意識下沉，神火完全停止運作的止火狀態，靠的是甚麼火，就是之前烏肝木所修練的餘火。所以呂祖在這句話非常清楚地講了，兔髓金就是止火狀態下的修練。

這樣的修練，就是借用金的柔，水的剛，這和我們的想法正好相反，我們會認為金屬是剛，水是柔，但是用在丹道裡面我們要知道，水是烏肝木的來源，烏肝木屬陽，在練烏肝木的過程中，意識還是很重的，所以是剛。而兔髓金則是已經止火狀態了，沒有火了，因此是柔。這是非常重要的火候，也是呂祖失傳已久的火候，現代的修練幾乎已經都把這個部份給自動消失了，再也看不到相關的解釋和修練方式。

若運用，若抽添，慮險而須當沐浴；若鼓琴，若敲竹，知雄而便宜守雌。（劉版）

若運用，若抽添，遇險而須當沐浴；若鼓琴，若敲竹，逢爭而便宜守雌。（傅版）

這一句也是採用傅金銓版，劉一明版為「若運用，若抽添，慮險而須當沐浴；若鼓琴，若敲竹，知雄而便宜守雌。」採用傅金銓版的理由跟上一句一樣，「險」跟「緊關」一樣，應是「安爐立鼎」的時機，如果沒有處理好，則無法安爐立鼎成功，無法順利產生烏肝木，因此稱為「險」、「緊關」，故採用傅金銓版「遇」險，較劉一明版「慮」險更為合理。同樣傅金銓版的「逢爭」也較劉一明版的「知雄」更為合理，因為講的都是同樣的狀況，水火轉烏肝木的緊要關頭，這個狀態下，水火的氣感和烏肝木的光感兩者爭相出現，故採用「逢爭」。

就像是火候的運用或者抽添一樣，遇到險要關頭，就要沐浴。這裡講了一大堆名詞，我們就要來複習《悟真篇》的部分，《悟真篇》很清楚地講到抽添運用就是講火候的部分，所以我們看過《悟真篇》之後，再來看呂祖詩就會清楚很多，知道這一段在講火候的運用。火候的運用就是遇到重要關頭，「險」在這邊就是緊要關頭，甚麼樣的緊要關頭？就是「沐浴逢雞兔。防失防險傾。」就是遇到雞兔之時，甚麼是雞兔？不是真的雞跟兔，這裡雞兔同樣也要參考《悟真篇》的解釋：「兔雞之月及其時，刑德臨門藥象之。到此金砂（丹）宜沐浴，若還加火必傾危。」詳細內容請參考拙著《悟真篇：無為丹道二》，雞兔是烏肝木和兔髓金剛開始要產生的那個時機，這個時間就是緊要關頭，「險」，這個緊要關頭沒有把握好，烏肝木和兔髓金就無法產生，無法產生就是「傷丹」，故稱為「險」。而「沐浴」就是跟上一句的「煨」一樣，餘火，不要再另外加火，同樣講的是火候。整句就是在火候運用抽添的時候，遇到金木要產出的緊要關頭時，就要沐浴，用餘溫，不要再加火了。沐浴就是洗澡水已經燒好了，熱度都在水裡面了，不要再繼續加火燒了，可以洗澡了，這個留在水裡面的餘溫，就是沐浴。

關於「鼓琴喚龜」同樣要去參考拙著《悟真篇：無為丹道二》：

「敲竹喚龜吞玉芝，鼓琴招鳳飲刀圭。」四神獸為青龍、白虎、朱雀、玄武。玄武相傳是蛇或龜，也有考古資料為麒麟，而朱雀則為鳳。因龜代表北方水，鳳代表南方火，「敲竹喚龜」和「鼓琴招鳳」代表修煉水火，「吞玉芝」、「飲刀圭」代表金木烏肝兔髓。整句的意思是：修煉水火以獲得金木烏肝兔髓小藥。

所以我們知道「鼓琴喚龜」就是修練水火，這跟上一句「抽添運用」相呼應，抽添運用講的也是水火階段，水火階段需要運用大量的火候，才能產生金木，而在產生金木的霎那，就是危險的緊要關頭之際，不可加火。同樣的「鼓琴喚龜」修練水火之時，「逢爭而便宜守雌」，遇到金木將要出現之際，特別是烏肝木要出來「爭雄」之際，水火的火候修練就要「守雌」，守雌就是退讓，跟上一句一樣就不要再加火了，不要用強烈的火候去跟烏肝木爭雄。

也就是在練氣的水火階段，遇到烏肝木的光出現了，就不要再加火了，不要想說非得要轉個小周天轉上一百圈才行，才不管他甚麼光不光的，又把注意力拉回強烈的武火去催動小周天繞圈。呂祖說得很清楚，不能這樣練，這樣就是一種「傷丹」的危險行為，一遇到烏肝木的光出現，就要立刻退藏守雌。

百日功靈，曲直而即能應物；一年純熟，潛躍而無不由心。（劉版）

百日功靈，曲直而能應物。一年功熟，追攝而已由心。（傅版）

本句採用劉一明版，傅金銓版為「百日功靈，曲直而能應物。一年功熟，追攝而已由心。」前一句並無重大差異，主要是在後一句的「潛躍」和「追攝」的差別，劉一明版的「潛躍」較傅金銓版的「追攝」更為合理，更符合心念一到，就能快速開啟烏肝木，安爐立鼎的現象。

照著上一句話講的這樣練了一百天後，就能發揮作用。甚麼作用呢？上一句講的「險」就是烏肝木快要產生的時機，照著呂祖的建議，遇到烏肝木快要發生的時候，就不要再加火了，久而久之，過了一百天，就能夠很輕鬆地經由水火產生烏肝木，這一個過程，對大部分的人來說，一百天就能做到，所以這就是所謂的「百日築基」。築甚麼基礎呢？就是產生烏肝木小藥的基礎。大部分的人，按這樣練一百天，就能很輕鬆地從水火的功態轉換到烏肝木小藥的功態，就是能夠開啟安爐立鼎的修道程序。

照這樣練一年之後，已經不用再透過水火的鍛鍊，直接心意一到，就能夠輕易產生烏肝小藥。「曲直」的意思要參考《書經・洪範》：「木曰曲直，金曰從革。」所以曲直就是木，也就是烏肝木。「應物」就是呂祖參考《莊子知北游》當中的意思，把「應物」一詞做為入道的代名詞。呂祖所定義的入道是從金木浮沉開始的，也就是開始產生烏肝木就是入道，開始產生烏肝木的同時，玄關也打開了，所以這個門檻就是入道的開始，玄關的開啟就是這個門檻。所以講練一百天之後，就能夠打開玄關，安爐立鼎，產生烏肝木，這就是入道的開始。「潛躍」可以解釋為意識心的下沉與上浮，或者火候的抽添，是要補神火，還是要止火，都能隨心所欲。

能盜彼殺中之生氣，以點我離內之陰精。（劉版）
能盜彼殺中之生氣，以點我陽裡之陰精。（傅版）

這段同樣的，傅金銓版和劉一明版不同，因為劉一明版「離內之陰精」比傅金銓版「陽裡之陰精」更符合事實，「陰精」指的是兔髓金，兔髓金來自於離火，離火雖屬陽，但是是在水火階段屬陽，到了金木階段卻屬陰，故傅金銓版的「陽裡陰精」雖也能說得通，但是劉一明版更為清楚明確，故採用劉一明版。

「能盜彼殺中之生氣」，應同樣源自於《陰符經》：「天發殺機，斗轉星移；地發殺機，龍蛇起陸；人發殺機，天地反覆；天人合發，萬化定基。」「天地萬物之盜；萬物人之盜；人萬物之盜也。三盜既宜，三才既安。故曰：食其時，百骸理；動其機，萬化安。」所以這邊的「盜」意思是取用，不是真的去偷盜的意思。「殺」的意思是運作的力量，不是真的去殺了誰。取用運作當中的力量，誰的力量呢？「彼」的力量，「煉己築基，固彼我一身邦國。」前面提到彼就是外在，烏肝木，我就是內在，兔髓金，所以這邊「盜彼殺中之生氣」的意思是能夠取用烏肝木運作的力量，作為「點我離內之陰精」，「陰精」各位看過拙著《悟真篇；無為丹道二》就知道，陰精就是兔髓金，「離內」則是因為兔髓金來自於離火。

前一句講到練了一年之後，能夠隨意地開啟玄關，啟動烏肝木的光，這句就講能夠取用烏肝木當中的力量，用來點出，就是帶出的意思，用烏肝木帶出兔髓金，就是離內之陰精，潛藏神火當中的兔髓金。

玉液金液，一了性而一了命；二候四候，半在坎而半在離。（兩版同）

知道了呂祖所說的入道就是從木金浮沉開始的，就能知道玉液金液是甚麼意思了，木色青，用玉代替，所以「玉液」就是烏肝木的光，跟電漿體的移動非常接近，類似一種液體的狀態，所以呂祖使用玉液來形容烏肝木的移動方式是非常貼切的。

知道了玉液是烏肝木的光，「金液」就是兔髓金的光已經毫無疑問了，千萬不要又把玉液金液當成甚麼口水或者流動的氣感之類的，這樣就誤會大條了。玉液就是烏肝木的光，屬於命功，所以說「一了命」，金液就是兔髓金的光，屬於性功，故「一了性」。

而一個時辰是六候，各位看過拙著《悟真篇；無為丹道二》就知道，練一場陰陽練透，需要花費一個時辰，一個時辰就是兩個小時，所以兩個小時六候，一候就是二十分鐘，兩候就是四十分鐘，四候就是八十分鐘，這就是一般花費在一場的時間，練陽大概花費四十分鐘，練陰大概花費八十分鐘，練陰的時間要比練陽花的時間要多上兩倍，這樣才能練透。

但是在實務上，幾乎大部分的人練完有體感的氣功之後，就拍拍屁股走人，這種練法完全違反了丹道陰陽反復金木浮沉的程序，這也就是為什麼大部分練氣功者，練了多年，仍舊無法一窺大道的奧祕。更別說只知道練氣，卻不知道止火進入烏肝木，只知道一直加火，造成呂祖所謂的「險」，呂祖已經跟你說了，水火修練的氣要轉成烏肝木的緊要關頭，如果沒有止火，就會冒著傷丹的危險，結果一大堆氣功大師還是教人拼命加火，拼命要把氣感練得越強越好，以為氣感強就是一切，殊不知氣感強只是電阻強而已，更因此而失去一窺大道的機會。

始焉將無入有，龍居虎位，要知藥物之老嫩；終焉流戊就己，虎會龍宮，須辨水源之清濁。（劉版）

始也將無人有，已見龍居虎位；終焉流戊就己，始知虎會龍宮。要知藥物之老嫩，在辨水源之清濁。（傅版）

這段傅金銓版和劉一明版不同，本段採用傅金銓版，將「要知藥物之老嫩」從「龍居虎位」的烏肝木提出來，主要是烏肝木雖是小藥沒錯，但是「藥物之老嫩」在此烏肝木階段，並不像兔髓金末期，陰極陽生的時機來得重要。烏肝木轉變成兔髓金階段重要的是止火，而不是藥物之老嫩，而兔髓金轉陽生階段重要的卻是藥物之老嫩，一旦過老，大藥就無法產生，只能降低能量到小藥狀態，所以「藥物之老嫩」在兔髓金轉變成大藥階段，老嫩是非常重要的，緊緊是幾秒鐘的時機，沒有把握這個時機，轉變成陽生大藥的機會，轉瞬即逝。因此這裡採用傅金銓版，將判斷藥物之老嫩放置在兔髓金轉陽生階段，而不是劉一明版的烏肝木轉兔髓金階段。

這裡講的「始」是一開始，甚麼事情的一開始？就是入道的一開始，不是練水火氣功的一開始，所以從這句話就可以看出來，呂祖對於「開始」的定義是甚麼，呂祖根本沒把練氣那一段當成開始，而是直接從烏肝出現的入道才當成一開始。

一開始從沒有到有，就看到龍居虎位，青龍白虎，青龍屬於東方烏肝木，所以龍居虎位就是烏肝木的狀態。烏肝木的出現類似北極光的一種電漿型態的光，這種光從沒有到有的出現，就代表烏肝木（龍）的出現，代表玄關竅的開啟，代表道的開始。

所以從這段話我們可以看出來，市面上幾乎都是把練氣功當成「修道」，而在呂祖詩當中，我們卻看得清楚，練氣的水火階段，根本不在呂祖所謂的「修道」的程序當中，對呂祖來說，修道的開始是從玄關竅的打開，從烏肝木的出現才開始的。

呂祖為什麼被稱為「祖」？有一個很大的原因就是這些丹道修行的名詞，大部分都是來自於他的詩中。但是這些丹道修練者取用呂祖詩當中的名詞，也尊稱呂洞賓為呂祖，但是對於他所說的內容卻不了了之，甚至以「隱喻」太多，無法理解為由，對呂祖詩中反覆強調的木金浮沉修練重點，視而不見，導致今日丹道修行式微，以水火修練為主體的氣功大行其道，占用丹道的名義，而這些氣功修練，在呂祖的定義中，根本還不入道。

「始」從烏肝木開始，「終」呢？從兔髓金結束。最終從戊土到己土，戊土就是陽土，陽狀態的土，稱為陽土；己土是陰土，陰狀態的土，稱為陰土。陽狀態就是烏肝木，陰狀態就是兔髓金。清淨意土分成陰陽兩階段，也就是搭配金木浮沉的陰陽修練。

「虎會龍宮」，白虎，白屬金，兔髓金，講的是修練當中陰的狀態。最終清淨意土從陽的狀態，轉變為陰的狀態，就知道已經練到了兔髓金的陰了。

為什麼要知道藥物的老嫩呢？就是因為要採藥，至於呂祖如何定義採藥，就要看《鼎器歌》：「鉛遇癸生須急采，金逢望遠不堪親。」，和《悟真篇》：「要知產藥川源處，只在西南是本鄉。鉛遇癸生須急採，金逢望遠不堪嘗。」拙著《悟真篇．無為丹道二》的解釋：「癸是天干最後一個，甲乙丙丁戊己庚辛壬癸，女子的月經稱為天癸，所以我們知道癸就是陰的意思，癸生就是陰到了極限，要轉變成陽之前的狀態。這裡同樣講的就是陰極生陽的地方，到了陰極生陽的地方要急需採，這個採就是注意力灌注在這裡，陰極生陽就是練到恍惚之後要清醒過來的霎那，就是陰極生陽，很多人站起來拍拍屁股走人，以為練完了，真是大錯特錯，這個節骨眼才是最重要的，要提起覺知，急需採。」

所以採藥要掌握一個時機，這個時機過了，藥物太老了，就沒用了，因此採藥必須在陽生的霎那，大藥剛萌芽還嫩的時候，這時候採的大藥，才能形成金丹的雛形，也就是胎，或者稱為玄珠。如果在陽生的霎那沒有把握時機，那個短短幾秒鐘的時機沒有把握住，大藥就老了，老了之後，就又變回小藥的狀態，小藥的狀態再怎麼採，都沒辦法做為金丹的雛形胎了。所以這裡講到一個重點，陽生大藥剛產出之際，為嫩，採之可以成就金丹，若過老，則變回小藥。另外一個重點是小藥是沒辦法直接練就金丹的，不管是烏肝，兔髓，還是搬運法錯誤的定義氣感為小藥，都是無法直接練就金丹的，只有大藥才是唯一直接練就金丹的原料。

至於分辨水源之清濁，水源的清濁就跟上一句的「流戊就己」有關，戊己都是土，戊是陽狀態下的土，己是陰狀態下的土，也就是清淨意土，只有清淨意土才能發展出先天的大藥，沾染慾望的後天意土是無法發展先天大藥的，所以分辨水源清濁就是在陽生的霎那，還沒有沾染慾望的土，才有辦法產生大藥。

至於在實務上，對於從未練到二階段陽生的人，實在很難講得清楚，也難為呂祖使用這麼多比喻想要把這個過程講清楚，但是我認為如果沒有實際上去練，直接這樣聽，恐怕再怎麼講也是徒勞無功。筆者在陽生的剎那，長久以來，確實能感受到先天大藥和後天小藥的區別，也就是在陽生的剎那，有時候狀態是非常清淨的，這時候確實提起覺知，馬上就能產生金丹的雛形（胎、曼陀羅）。有時候狀態已經是比較後天了，這時候再怎麼提起覺知，也沒辦法產生胎，這兩者確實有明顯差別，但是要訴諸於文字，使用沒練到的人所能理解的文字，那還真是難於登天，真的是如人飲水，冷暖自知，也難為呂祖想了這麼多文字來解釋。

煉己待時，務要陽生於赤縣；遇機臨爐，必須癸動於神州。（劉版）

煉己待時者，務待陽生於赤縣；遇急臨爐者，必須癸動於神州。（傅版）

這段傅金銓版和劉一明版也略有不同，傅版為「務待陽生於赤縣」，劉一明版為「務要陽生於赤縣」，這裡採用傅金銓版，因為陽生不是想「要」產生就能產生的，而是必須「待」其自然發生，當然這種細節文字，影響不大，也可以解釋成「務要等陽生於赤縣」，這樣意義就差不多了。而傅金銓版都有一個「者」，有點多餘，所以跟劉一明版相同，刪除「者」。劉一明版為「遇機臨爐」，傅金銓版為「遇急臨爐」，講的是陽生階段，採用「機」或「急」都說得通，但是因為呂祖比較常用的是「天機」這個名詞，來自於《陰符經》，故本書採用劉一明版。

《史記・孟子荀卿列傳》：「中國名曰赤縣神州」，所以赤縣和神州都是中國的代號，這邊引申為玄關，因為玄關就在正中央，就第三眼的視覺效果而言，就是在眼前正中央，當然玄關不是用眼睛看得到的，是透過第三眼才看得到的。「練己」不是說練自己的內心，而是練己土，土分成陰陽，陽土是戊土，陰土是己土，處於兔髓陰狀態下的土就稱為己土，所以練己也可以說成練兔髓陰，練陰狀態下的土就是練己。練己就是要等待陽生的時機，所以這個「待時」就是等待陽生的時機，甚麼時機呢？就是等待陽生的現象出現在赤縣，也就是玄關竅，這時候就是接著上一句講的知藥物老嫩，採大藥的時機。

「遇機」遇到大藥產生的時機在第二階段的陽生，「臨爐」這裡的爐講的也是玄關，爐鼎都是玄關的代號，「癸動」癸就是陰極生陽的瞬間，也是陽生的瞬間，必須在陰極生陽的瞬間，「動」於神州，我們知道神州就是玄關竅，什麼東西「動」於神州呢？就是提起覺知，這是一個動作，提起覺知這個動作於玄關竅，這個動作至關緊要，是產生大藥的機會，如果沒有把握這個時機，把注意力拿去注意別的地方，那這個大藥產出的時機沒了，就又喪失一次凝結金丹的機會了。

若觀見龍在田，須猛烹而極煉；忽聞虎嘯入窟，可倒轉而逆施。（劉版）

若觀見龍在田，須猛烹而極煅；忽聞虎嘯出窟，可倒轉而逆施。（傅版）

這段的傅版和劉版依舊略有不同，但意義差別不大，例如傅版「虎嘯出窟」，劉版「虎嘯入窟」，雖然一個出一個入，好像相反，但其實意義相同，都是開始進入兔髓金的狀態，故採劉版。

這段可以看到一個關鍵詞「見龍在田」，「見龍在田」是易經的文字，但是出現在這裡，我們可以看得出來，龍代表烏肝木，重點來了，這裡有一個「田」字，所以代表什麼呢？代表烏肝在「田」，也就是說烏肝是在「丹田」，烏肝就是丹最開始的形式，所以丹田並非是下腹部，而是玄關竅，產生烏肝的位置就是丹田。把丹田當成下腹部，是一種以訛傳訛，程度比較差的人因為無法了解甚麼是金木，故以較低的氣功層次，嘗試解釋各種丹道現象，所造成的誤傳。因為誤傳的時間和範圍太過廣大了，因此原本丹田是甚麼，也就被遺忘了，只剩下被誤傳的丹田定義，變成大家都以為丹田就是下腹部，以為下腹部的氣動就是丹，這下子就誤會大了，所以我們可以看到有不少托名偽作都把金木給省略了，這也就是在《悟真篇》當中紫陽真人張伯端要大嘆氣了：「近來世上人多詐，盡著布衣稱道者。問他金木是何般，噤口不言如害啞。卻云伏氣與休糧，別有門庭道路長。」

如果看到龍在丹田，龍就是烏肝木，類似北極光的光，如果出現烏肝木的光出現在丹田，這裡講的丹田就是玄關竅，就要把注意力集中在這裡，「極煉」就是大火，「猛烹」也是大火。

水火階段注意力放在身體，一旦出現烏肝木，在身體的火就要立刻停掉，把注意力轉向烏肝木，這時候的火是集中在烏肝木的，剛開始的烏肝木不穩定，需要大火集中，但是練到後來，烏肝木穩定了之後，就不用大火集中，就要反過來，火就要停了，因為這時候要轉變成「虎嘯入窟」，要轉變成兔髓金的陰了，就不能用大火集中在烏肝木。

所以這裡講到許多火候的重要關節，水火練氣階段，大火集中在身體，出現烏肝木之後，大火轉向玄關竅，穩定之後，逐漸轉變為兔髓金的陰，要逐漸進入完全的止火狀態。

這裡有兩個歧路，第一個歧路就是卡在水火練氣階段，無法轉變為烏肝木的見龍在田，第二個歧路就是卡在烏肝木的階段，無法轉變為虎嘯出窟的兔髓金陰狀態。這兩條歧路都是非常常見的，第一條就是練氣功者常見的，第二條就是練《太乙金華宗旨》這類型的人常見的。

火逼金行出坤爐，故名七返；金因火煉歸乾鼎，是曰九還。（劉版）

所謂火逼金行出坤爐，故名七返；金因火煉歸乾鼎，號曰九還。（傅版）

「火」就是神火，因為陰極生陽，意識開始清醒，神火開始上升。「金」就是兔髓金，坤爐就是玄關竅，所以是神火逼著兔髓金離開狀態是陰的玄關竅。火的代號是七，所以稱為七返，就是神火返回，原來兔髓金的狀態是陰的，屬於止火狀態，意識是沒有的，下沉的，練到一個極點，陰極生陽，神火返回，意識浮起，原來意識下沉的兔髓金沒有了，所以稱為出坤爐，離開狀態是陰的玄關竅。這一整個流程就稱為「七返」。

意識上浮之後提起覺知，這個動作稱為「九還」。原本兔髓金的力量離開玄關竅了，但是因為提起覺知，造成兔髓金的力量又回到陽狀態的玄關竅，這個動作稱為「金因火煉歸乾鼎」，提起覺知就是火煉，乾鼎就是陽的狀態的玄關竅。九是金的代號，因此稱為九還，兔髓金回來了。

各位要知道這裡的爐鼎都是玄關竅，坤爐就是意識下沉狀態之下的玄關竅，乾鼎就是意識上浮狀態之下的玄關竅。兔髓金因為火煉，又回來，這時候再回來的兔髓金，就已經不是兔髓金小藥了，而變成了二階段陽生的曼陀羅的雛形金丹大藥了，所以稱為九轉還丹，這個九我們就知道，是金的代號，不是真的煉九次。

還者，乾所失而復得之物；返者，我已去而又來之眞。（劉版）

還者，乾所失而復得之物；返者，我已去而複來之眞。（傅版）

「還者」，就是回來的是兔髓金，九還。就是七返的時候被逼出去的兔髓金，所以稱「失而復得之物」。「返者」，就是七返，神火回返，神火本來在陰的階段由於止火，所以沒有神火了，沒有意識，意識下沉了，所以說「已去」，然後陰極生陽的緣故，神火又浮起，意識上浮，故「又來之真」。

七返九還，講的就是陽生的過程，神火升起，二階段陽生內景產生。沒練到陽生二階段以上的人，這段話，打死也是看不懂的，即使我再怎麼解釋得清清楚楚，程度不到，就不可能看得懂，所以還是請各位務必要實修實證，不要只有知道理論，卻不肯開始修練。

殊不知，順則生人生物，逆則成佛成仙。（劉版）
殊不知，順則生人生物，逆者成仙成佛。（傳版）

這裡講的順逆，就是五行顛倒，大自然運行是五行木火土金水，木生火，火生土，土生金，金生水，水生木，所以生人生物。但是逆行就是原本應該木生火，金生水，也就是大自然情況是木金生水火，結果修練丹道是水火生金木，剛好顛倒，所以說是逆者。

這一點從呂祖時代就在講「殊不知」，很遺憾的，到了一千兩百年後的現代，竟然大家還是「不知」，筆者覺得這種情況非常荒謬，因此才動了寫經典註解的想法，希望還原呂祖本意。

雖分彼我，非閨丹御女之術；唯知一己，有鵬鳥圖南之志。（劉版）

雖分彼我，實非閨丹禦女之術；若執一己，豈達鵬鳥圖南之機。（傳版）

這段劉版和傳版就有蠻大的差異，故列出兩者供比對。

劉版解釋：

彼，對方。我，我方。雖然陰陽區分成對方跟我方兩者，但這並非是男女關係的房中術。只知道自己有像莊子那般鵬鳥南飛的志向，想要修成金丹大道。

傅版解釋：

雖然區分彼我，對方跟我，這實在不是男女性關係之間的房中術，但是若因此而執著於自己一個，而捨棄彼我陰陽，又豈能達成跟莊子大鵬鳥南飛一般遠大意圖的機制呢？

呂祖很喜歡用對仗語法，幾乎每句都要對仗，這裡我們可以看到「術」和「機」的對仗，術就是房中術，機就是丹道的偉大機制。

兩者比對起來，似乎傅版更符合呂祖詩的超級駢體文，處處都要對仗的語意。

坎中一點黑鉛，號曰先天，非同類而終不能得；離內七般硃汞，是名孤陰，無眞種則時刻難留。（劉版）

坎中一點黑鉛，號曰先天，非同類而終不能得；離裡七般朱汞，無眞種而片刻難留。（傅版）

劉版和傅版仍有部分不同，特別是傅版少了一句話，「是名孤陰」，而劉版有這句話，相對之下，比較符合呂祖詩的駢體文對仗。至於劉版的「時刻難留」或傅版的「片刻難留」語意上雖略有差別，但大致上差異不大。

坎就是水，一點，一是水的代號，一點也是水，黑也是水，坎，一，黑，都是水的代號，整句話就是水中鉛，水中鉛就是烏肝，烏肝才開始進入先天。水中鉛烏肝才是金丹的同類，所以要練出金丹，一定要和金丹的同類，也就是烏肝才能練出來，所以說非同類而終不能得，如果只有坎水，那是練不出金丹的，只有用坎水先練出鉛，鉛才是跟金丹同類，為什麼鉛才跟金丹同類？很簡單，都是光。而坎水是氣感不是光，只有氣感是練不出金丹的。

離是火，七也是火的代號，硃砂也是火的代號，離，七，硃砂，都是火。火是陽，為什麼說「是名孤陰」？各位要看清楚是「離內」，跟「坎中」一樣對偶，坎中就是鉛，烏肝，離內就是汞，汞是兔髓，兔髓才是孤陰，兔髓產生在陰的狀態。

「無真種則時刻難留」，兔髓如果沒有真種子，則時刻難留，真種子就是金丹剛開始的樣子，也就是二階段陽生，也就是心竅開啟之後，會開始出現二階段陽生，而兔髓則出現在這個階段之後，因此如果沒有真種子，則時刻難留，兔髓是留不下來的，一下子就不見了，兔髓只能出現在第一階段的陽生，一下子就不見了，要能夠產生穩定的兔髓，必須要有真種子，必須心竅開啟情況非常穩定，二階段陽生非常穩定，即將邁入三階段陽生之前，才會產生穩定的兔髓。因此，必須真種子產生了，穩定的兔髓才會產生，兔髓是一個關鍵指標，當兔髓出現，第三階段陽生也不遠了。

是以假乾坤立爐鼎，覓太乙所含之始氣，借陰陽作筌蹄，求水府默蘊之玄珠。（劉版）

是以假乾坤立爐鼎，覓太乙所含之眞氣，賴陰陽作筌蹄，求水府所蘊之玄珠。（傅版）

兩版差異不大，列出供比較。

所以假借乾坤，乾坤就是陰陽，一陰一陽謂之道，陰陽就是修煉的歷程，跟佛陀所說的四聖諦是一樣的，苦集滅道，苦集就是陽，滅就是陰，道就是陰陽之後產生的陽生現象。剛開始練的是水火，也就是氣，練到一個程度，水火既濟就會產生木，烏肝木一旦出現，就代表已經立了爐鼎。

「覓太乙所含之始氣」，就是烏肝，最初的光。後代有乩童假借呂祖名義，寫了一本《太乙金華宗旨》，把呂祖詩的意義完全扭曲，最嚴重的就是扭曲整個修道流程，把烏肝木當成金丹，也就是「太乙金花（華）」是烏肝，卻在這本假丹經《太乙金華宗旨》扭曲為金丹，這個扭曲影響非常嚴重，可以看到近代許多丹道大師都身受其害，煉到烏肝木而已，卻以為自己已經明心見性，證得金丹了，其實才剛開始要入道而已。

「借陰陽」跟「假（賴）乾坤」意思一樣，乾就是陽，坤就是陰，前面一個陰陽，後面一個陰陽，有兩個陰陽，第一個陰陽練水火以覓太乙始氣，第二個陰陽練金木以求玄珠。「作筌蹄」，就是當作工具，把陰陽當作工具。「求水府所蘊之玄珠」。水府就是烏肝出現的地方，默蘊就是兔髓出現的地方，水府為陽，默蘊為陰，第二個陰陽，金木的陰陽。第二個陰陽產生的是玄珠，玄珠就是二階段陽生的內景，也就是尚未成熟的金丹，也稱為胎。

「龍虎交會時，寶鼎產玄珠。」《悟真篇》裡面說得很清楚，玄珠產生在龍虎交會時，我們知道龍就是烏肝木，虎就是兔髓金，而烏肝兔髓交會就是二階段陽生內景，詳細的《悟真篇》內文解釋，已經寫在拙著《悟真篇：無為丹道二》裡面了，大家可以詳細參考這些名詞的定義。

趨遄時，補我乾之一缺。俄然間，還彼坤之六虛。（劉版）

趨踹時卒，補我乾之一缺；俄然間已，返彼坤之六虛。（傅版）

趨——趨向、趨勢。遄——快速。我乾之一缺——離火。俄然——片刻、突然。彼坤——坎水。六虛：「變動不居，周流六虛」《易經繫辭》。

趨向快速時，說的就是動功，動功才會變快。我乾之一缺，就是離火，火為乾，為我，前面說過丹道有兩個陰陽，水火vs.金木，水（坤）為彼，火（乾）為我；金（坤）為我，木（乾）為彼，所以「我乾」就是離火，離火一缺，離就是一個缺，一缺就是一個形容，我乾本身就是離火了，離火的六爻就是一缺，一缺等於是多出來的形容詞，為了對應後面的六虛。這一句的意思就是：動功時補火，也就是動功時用武火，武火就是要額外補火，火才能變大成為武火。

片刻間，就能造成彼坤之六虛，知道「我乾」是火，那「彼坤」就是水。六虛就是取《易經繫辭》之意——變動不居，周流六虛。說的就是氣變動周流六虛，六虛就是六個方位，到處之意。整段就是動功時武火，就能造成氣周流全身。

這段剛開始看了很久看不懂，找了不少資料，也找不到有人看得懂，直到看到「我乾」「彼坤」才悟出到底在說什麼。剛開始把一和六，解釋為水，但是不通，後來從我彼下手，才看懂一缺講的是離的一缺，六虛講的是《易經繫辭》的六虛。「天地設位，而易行乎其中。天地者，乾坤之象也；設位者，列陰陽配合之位也；易謂坎離者，乾坤二用。二用無爻位，周流行六虛，往來既不定，上下亦無常，幽潛淪匿，變化於中，包囊萬物，為道紀綱，以無制有，器用者空，故推消息，坎離沒亡。」講的應該就是《參同契》這段。

到此水歸神室，位列仙班。大抵丹落黃庭，千靈胥豢，上帝嘉贊，天地驚寒。（劉版）

到此心歸神室，位列天仙，丹落黃庭，千靈舒泰。上帝嘉贊，天地咸驚。（傅版）

這一段劉一明版和傅金銓版不同，劉一明版是「水歸神室」，傅金銓版是「心歸神室」，我採用了傅金銓版，理由有兩個。第一個，後面那一句「丹落黃庭」是開心竅之後才會產生的二階段陽生，才有機會結胎，結了胎稱為「位列天仙」應該比較有資格。第二個理由，後面的「抱元守一」的元神顯也應該是在開心竅之後才產生的。而劉一明版的如果是跟上一句的武火氣行「六虛」搭配是比較合理的，但是往後面一看，跟「位列天仙」、「丹落黃庭」、「抱元守一」又不搭了，如果只有「水歸神室」，也就是開啟烏肝木這樣的程度而已，就要說「位列天仙」，感覺上是有點說不過去，因為就連「丹落黃庭」要「位列天仙」都有點牽強，更別說程度更低的「水歸神室」了。

「上帝嘉贊，天地咸驚」我採用傅金銓版，「咸」的意思是「都」看起來比較合理，而劉一明版是「天地驚寒」，不太理解為什麼要用「驚寒」這種字眼，驚嚇到發冷嗎？意思是感覺有點牽強，故採用傅金銓版。

但是劉一明版的「仙班」卻比傅金銓版的「天仙」合理多了，因為結胎算是才剛開始進入初期的金丹，而「天仙」應該是已經練成金丹，成就真人，稱為天仙才有具體的意義，因此劉一名版的「仙班」就比較合理多了。

到了這個層次，修煉就進入到心竅，玄關竅已經產生進化，不只有在烏肝的初級狀態下，經過無數次的陰陽返復之後，無數次的七返九還，已經可以非常容易地開啟心竅，非常容易地出現二階段陽生內景。二階段陽生內景已經屬於金丹的雛形狀態，稱為玄珠，雖然還沒完成金丹全程的演化，但是已經開始結胎了，而這個狀態已經是位列天仙。

不過筆者個人的想法，「心歸神室」就算「天仙」，這個紅包給得太早了，只不過金丹雛形而已，哪來的「天仙」？所以這句話有兩個可能，一個可能是搬運法竄改，劉一明版的「仙班」較為合理，一個可能是呂祖給的一個鼓勵。

畢竟「心歸神室」就會開始產生二階段陽生，「黃庭」就是中黃，也就是中脈，這跟烏肝木還沒開啟真正的虛空中脈是不同的。「心歸神室」之後，就是開始二階段陽生，內景光是屬於虛空中脈所凝聚產生的，雖然時間很短，跟打雷一樣，只有幾秒鐘，但是已經開始打開虛空了，也就是所謂的「丹落黃庭」，原本烏肝木狀態下產生的丹是還不到黃庭的程度，黃庭是虛空狀態下的玄關竅，跟烏肝木那種還沒有虛空狀態的玄關竅是不同的，所以這裡講的是更進化的玄關竅狀態，出現在「心歸神室」心竅開啟之後的狀態。

抱元守一，虛極靜篤神有象；溫養十月，坐忘九載體無形。（劉版）

抱元守一，溫養十月。虛極靜篤神有象，坐忘九載體無形。（傅版）

「抱元守一，虛極靜篤神有象」可以解釋成在識神隱，元神顯的兔髓陰狀態下，抱元守一，虛極靜篤，陰到了極點之後，陽生，所以神有象。「溫養十月，坐忘九載體無形」溫養十月之後開始懷胎，產生金丹雛形，玄珠，持續九年的體無形之後，就有希望可以煉就成熟金丹，進入第三期陽生狀態，第三期陽生狀態正是佛家講的無色界定，因此用「體無形」可以相應「無色界定」，也就是無色身狀態的虛空大定。就文字的敘述與邏輯來說，劉一明的文字似乎更加清楚，後一句可以把兩種功態的時間相對之下講得更清楚。

上一句懷疑是搬運法加料，這句話也有同樣的懷疑，呂祖前前後後已經無數次反覆強調金木陰陽交替的鍛鍊才是正途，這邊怎麼會又冒出「抱元守一」這種搬運法的頑空定煉法呢？所以關於這句話，我們用兩個角度來看，第一種，就是這是搬運法的加料，第二種，就是呂祖所講的內容是別有含意，並非是後代被搬運法扭曲意義的抱元守一。

「溫養」跟「沐浴」一樣，都是使用神火的餘溫，也就是處在止火狀態，就現代人能理解的意思來說，就是後天意識完全停止運作，眼耳鼻舌身意都停止運作，這就是止火溫養狀態，也就是兔髓金的化陰狀態。在這個狀態下，意識停止運作，內在覺知升起，這就是元神，意識停了，就是「識神隱」，然後「元神顯」，因此才有所謂的「抱元守一」，也就是此時的兔髓陰雖然已經止火，但不像剛開始那樣昏過去，而是以另外一種覺知醒過來，這個覺知就是元神。元神的狀態就是身體已經睡著，聽不見，看不見，沒有體感，沒有意念，但是卻有覺知，停留在這個元神狀態，就稱為「抱元守一」。

各位要注意，這種說法就和原來搬運法的「抱元守一」是完全不同的，因為搬運法所稱的「抱元守一」其實不是元神，而是識神，也就是在一種還沒有「識神隱」的狀態下，守下腹部的呼吸，並且將這種狀態稱為「抱元守一」，這就和這邊的說法完全不同了，因為這種守法其實不是「抱元守一」，應該稱為「抱識守腹」。

筆者以自身的修煉經驗，在經歷無數次的金木陰陽反覆之後，無數次的二階段陽生，進入「心歸神室」狀態，之後慢慢進入「識神隱，元神顯」的特殊兔髓陰狀態，認為此種狀態應該才是真正的「抱元守一」，守的應該是「識神隱」之後的「元神顯」。

煉到這個地方，有一個非常特殊的情況，就是睡眠會產生極大的改變，這是騙不了自己的，當然遇到宗教騙子要來偷學，騙信徒說他自己達到這種狀態，筆者也是沒有辦法的，但是起碼真相揭露越多，宗教騙子就越沒有生存空間。

這個特殊狀態，就是睡眠蓋的消除，也就是每天晚上的睡眠會從原本的昏過去，或者作夢的狀態，或者無夢無覺的狀態，變成醒著睡覺，每天晚上的睡覺像是在意識下沉的霎那，另外一個覺知立刻浮現，但是身體卻是睡著的，這種特殊的狀態，就稱為睡眠蓋的消除。煉到這裡，才有所謂的元神可以抱，如果沒有煉到這裡，沒有「識神隱，元神顯」，請問又何來元神可抱可守一呢？

睡眠蓋的消失是比較晚期的，早期的時候，就是煉功的後段，進入化陰的狀態，會發現自己從全部昏過去的情況，變成半昏半醒，又變成全程醒著，但是身體睡著了，甚至有些人還會聽到自己在打呼，這種情況就已經是初期的「識神隱，元神顯」的狀態出現了。當開始有這種狀態出現，就很容易產生二階段陽生了，而二階段陽生就是所謂的「十月懷胎」，也就是依照金木陰陽浮沉這樣的煉法，經歷過百日的烏肝木築基之後，大約在經過十個月，這裡講的是大約，當然狀況好的人，可能不用十個月，狀況不好的，可能不止十個月，幾年都不知道了，這裡講的是平均狀況稍好的人大約經過十個月的時間，確實可以開始產生初期的「識神隱，元神顯」的狀態，並且開始產生二階段陽生的內景，也就是金丹離形結胎的「十月懷胎」。

「體無形」，講的是失去體感，入定態都會失去體感，這是非常明顯的特徵，六識下沉，其中包含身識。「坐忘」就是入定，「九載」就是九年，意思就是接下來九年之內煉功都處在一種入定的狀態，長達九年，九年之後，才有希望達成「體無形」，也就是佛家所謂的「無色界定」狀態，也就是三階段陽生，開始進入金丹真人凝結狀態。

「神有象」，這裡講的絕非搬運法所說的出陽神，搬運法所說的出陽神是欲界幻境，幻境不能當成象，幻境在丹道裡面稱為陰。這裡的象，指的是二階段陽生以後的象，如果聽不懂很正常，練到了就聽得懂了。「虛極靜篤」也是跟「坐忘」一樣的意思，在這九年之內，都是處在一種「虛極靜篤、坐忘」的狀態，並且從二階段陽生之後，開啟的虛空都會有具體的內景形象出現。

黃鶴賦提到「百日功靈」、「溫養十月」、「坐忘九載」應該就是「百日築基」、「十月懷胎」、「九年面壁」的名詞來源，因此當我們在使用「百日築基」、「十月懷胎」、「九年面壁」這些名詞來印證功態的時候，應該是要回歸到《呂祖詩》當中來看原始的定義到底是甚麼。

行滿三千，斯其道術造端，似依正而除邪；功完八百，就中火候託始，如以奇而用兵。（劉版）

斯其道術造端，似行邪而實正；就中火候始末，如出奇而用兵。（傳版）

根據民國二年江東書局出版的劉版古文原為「就中火候托實」，丹道學者龔明居士認為「托實」恐為搬運法竄改，原應為「托始」，因「造端托始」為一句成語，「造端托實」應為「造端托始」的誤抄或竄改。

「行滿三千」跟「功完八百」意思是丹道的流程都煉透，煉完，煉過的意思。有的人說「三千」就是三千大千世界，問題是語意不合啊，也有人註解說是九年面壁的九年，雖然數字上略有差異，以呂祖定義的一年三百六十天，乘以九年，大約是三千兩百四十天，雖然三千日不到九年的時間長度，少了兩百四十天，假設零頭被扣掉了，但是這裡講的就是陰陽煉透，火候煉透，所以語意上是比較接近的，這裡的「行滿三千」意思就是煉了很多年之後，整個丹道的過程都煉透了，達到了九年面壁的程度。

既然三千可能是一個接近九年面壁的數字，那八百也可能是一個類似三年溫養哺乳的時間長度，雖然跟實際上的三年大約一千，還是有數字上的落差，不過我們若用呂祖定義所謂的一年三百六十天來算，三年大約是一千零八十天，扣除十月懷胎，三百六十除以十二個月，乘以十個月，那就是三百天，三年共一千零八十天扣除十月懷胎的三百天，大約是七百八十天，就跟八百天非常接近了。所以這個「功完八百」八百可以看成是完成三年溫養哺乳的程序了。

類似的用法像李白的詩「日照香爐生紫煙，遙看瀑布掛前川。飛流直下三千尺，疑是銀河落九天。」真的有三千尺嗎？真的有九重天嗎？這數字就代表一種大數量，並非真的精確測量過的，只能說是一個大概的數字。所以雖然傅版沒有這兩句數量詞，但是語意差異不大。

「道術」就是呂祖所講的丹道，「造端」就是開端，呂祖所講的丹道剛開始看起來好像是邪的，其實是正的，剛開始就講到陰陽，好像很容易被誤會成男女房中術，其實不是，而是丹道的正道。

過程中火候的開始，就好像用兵一樣神奇，有時候武火，火要強，有時候止火，跟用兵一樣，要看時機而定。例如水火階段用武火，一產生烏肝木，就要把火轉移，原來用在氣感上的就要止火，就要把火全部轉移到烏肝木，烏肝木要慢慢進入兔髓金的狀態的時候，也是要止火，脫離兔髓金化陰狀態的時候，神火出現，這時候又要提起覺知，才能七返九還，丹落黃庭。

鉛與汞，無丙叟東西間隔；嬰與姹，無黃婆咫尺參差。（兩版同）

「鉛」就是烏肝，木，東方。「汞」就是兔髓，金，西方。「丙叟」就是火候，丙丁代表火，叟就是老人，丙叟和丁公都是火候的代名詞。鉛和汞，烏肝和兔髓，如果沒有火候，就會東西分隔，無法相會練出金丹。

「嬰」就是真氣，也是鉛。「奼」就是汞。「黃婆」就是真土。鉛和汞，若沒有真土，即使只差了咫尺之遠，也是無法相會而錯過。鉛的火候和汞的火候不同，烏肝狀態下，火候為文火，是有火的，兔髓狀態下，火候是沒有火的，也就是意識狀態處於「滅」的狀態，苦集滅道的滅，意識心消滅的狀態。這一點如果沒搞懂，還在那邊搞「一靈獨存」，或者假的「抱元守一」，其實是「抱識守腹」，那就完蛋了，練到死練到老，都無法突破，最可惡的是很多這樣的人，自己練錯了不打緊，還開山立派，誤導一堆人跟著他一起練錯，真是要不得。

黃婆就是真土，就是煉己，己不是自己的己，是甲乙丙丁戊己的己，戊己都是土，己為陰土，戊為陽土，陽土為念頭，在烏肝木狀態下的意土。己為起心動念背後的起心，也就是屬於念頭背後的思想，在兔髓金狀態下的意土。念頭背後的思想如果不清淨，一堆洗腦的東西卡在裡面，那練多少，就會長出多少幻境，自己把自己騙得團團轉，還以為出陽神了，明明就是做白日夢，卡在幻境，卻說是出陽神。

識急緩，辨吉凶，在匠手以斟酌；明進退，知止足，豈愚昧而能爲？（劉版）

諳緩急，慮吉凶，在匠手，以斟酌，明進退，知止足，豈愚昧而能爲。（傅版）

要知道甚麼時候該急，甚麼時候該緩，甚麼狀況是吉，甚麼狀況是凶，就像在工匠守中一樣，要仔細斟酌，知道甚麼時候該進，甚麼時候該退，知道甚麼時候該止火，甚麼時候火夠了，修練丹道豈是愚昧之人所能做的呢？

甚麼是急？功態轉變關頭就是急，例如水火轉變成烏肝木的時機，正是安爐立鼎的緊要關頭，例如兔髓金轉變成陽生的時機，也是急。甚麼是緩？功態持續過程中就是緩，例如水火持續過程中，烏肝木持續過程中，兔髓金持續過程中，都是緩。

至於吉凶，引用拙著《悟真篇．無為丹道二》：「《參同契》：『立意設刑，當仁施德，逆之者凶，順之者吉。』所以從這段知道，順者為吉，逆者為凶，順逆就是順應自然的變化，該行陽就行陽，該入陰就入陰，不要以後天意識去抗拒這個自然的趨勢，否則就是逆，為凶。像之前提過有許多門派在修煉的時候，練習者進入恍惚狀態，在旁邊教導的老師，就拿一條戒尺，往練習者的肩膀上一拍，活活把人給嚇醒，硬是不讓人進入恍惚狀態，認為恍惚就是『昏沉』，就認為這是失去覺知，甚至還有人練『不倒單』出名的，不倒單就是不躺下睡覺，其實這都是不對的，違反自然的規則，逆者為凶。真正的練法並非去抗拒陰陽的力量，強行使自己維持在陽的狀態，而是順應自然的力量，並且把一日之陰陽交替的力量，以自然的『修持力』，在一個時辰（平均兩個小時）的時間，自然練透陰陽。」

急緩是功態的轉變關頭或持續進行中，吉凶是順應或違逆陰陽演化，進退和止足講的就是火候，甚麼時候該進火，退火，甚麼時候該止火，甚麼時候判斷火夠了，這些都需要有一定程度以上的聰明才智才有辦法了解，太過愚昧的人，很難理解甚麼是火候。

認消息，如海之潮信；審造化，似月之盈虧。（劉版）

認消息，如海潮之有信；測造化，比日月之盈虧。（傅版）

這段還是劉版較佳，因為日哪裡有盈虧？月才有盈虧吧！

要認得功態轉換的消息，像海的潮信一樣，甚麼時候要漲潮，甚麼時候要退潮，要能夠分辨得出來。也要能認得演化的過程，就像月亮甚麼時候朝向十五滿月，甚麼時候朝向初一朔月。

功態是在陰陽之中交替，要能認得甚麼時候是陽極生陰，陽越來越多，多到極點，就像滿月或漲潮一樣，開始要朝向初一朔月或退潮，陰就開始產生；也要認得陰極生陽，陰越來越多，到了一個極點，就像初一朔月或退潮一樣，開始要產生陽，開始趨向十五滿月或漲潮。

三日出庚，乃一陽生於坤地；十五圓甲，則六爻周乎乾元。（劉版）

三日月出庚，乃一陽生於坎位；十五月圓甲，則六爻周以乾元。（傅版）

這段同樣是劉版比較合理，《悟真篇》：「依他坤位生成體」很明確地說了，陽生就是在坤位，不是在坎位，坎是水，怎麼可能陽生呢？

「三日」是初三，開始產生新月，初一初二還看不到新月，初三時一彎新月就出現在傍晚的西方位置。庚代表西方偏西南，庚辛代表西方，庚屬陽，西南方；辛屬陰，西北方。初三代表陰極生陽，陽已經產生的霎那，如同一彎新月產生在西南方。這段是延伸上一句的「審造化，似月之盈虧」，懂得認出陽生的時機，就像月的盈虧，陰極生陽，陽生產生的時機，如同一彎新月產生於西南方。

「十五圓甲」，知道了三日是初三，就知道十五是月圓，庚是西方，甲就是東方木，屬陽，所以「十五圓甲」就是烏肝木達到了極點的狀態，陽極的狀態。六爻包含乾坤坎離震巽艮兌八種變化，也就是八卦，烏肝木到達了陽極如同十五月圓，就跟六爻乾卦一樣。

泄金竅，鑿混沌，露老莊之肺腑；明坤户，飲刀圭，吐伯陽之心肝。（劉版）

劈金竅，鑿混沌，露老莊之肺腑；明橐籥，飲刀圭，吐平叔之心肝。（傅版）

傅版提到「平叔」是非常不合理的，平叔就是張伯端，北宋人，呂洞賓是唐朝人，唐朝的呂洞賓怎麼會知道北宋的張伯端呢？很明顯的，劉版的「伯陽」比較合理，伯陽是魏伯陽，漢朝人，著《參同契》，我們可以從《黃鶴賦》當中看到有不少地方引用自《參同契》，因此本段採用劉版是比較合理的。

但是劉版「泄金竅」的「泄」用法卻不如傅版的「劈」合理，因為下一句是「鑿」混沌，鑿相對於劈是比較對仗的。

至於劉版的「坤戶」和傅版的「橐龠」都可以說得通，坤戶就是陰極生陽，橐龠不是呼吸，而是虛空，陰極生陽產生陽生現象的大藥虛空，所以都說得通。

劈開煉金丹的玄關竅，鑿開兔髓陰的混沌，露出老莊所說的肺腑心竅。明白虛空陽生大藥，飲用刀圭小藥，吐露魏伯陽所說的心肝。

心藏神，在水火階段為陽，在金木階段為兔髓陰，因為兔髓陰來自於神火，故稱心。肝藏魂，為烏肝木，相對於心的兔髓金。故心肝之意為金木浮沉，龍虎陰陽交替。

今遇學仙龍江子，夙具道骨仙豐，名在丹台玉室，遂結煙霞同志之友，願發龍虎秘藏之機。須尋火候，早餌黍珠，他日臻於閬苑玄圃，亦可歎伊骨死屍。（劉版）

遂煙霞明悟之友，發龍虎珍藏之秘。各尋火候，早

餌黍珠，闐苑玄圃，他日有冀。（傳版）

劉版很明顯較傳版完整。今天遇到學仙的龍江子，頗有仙風道骨，在丹道界頗有名聲，於是跟他結交同志好友，願他能夠發現密藏的龍虎機制。要尋求正確的用火方式，才能夠及早煉出黍珠，他日到達仙居，成就神仙，也就可以感嘆其他沒有修練的人成了死屍。

這句話有一個重點，重點在於能不能藉由火候，發現龍虎密藏之機，也就是呂祖詩反反覆覆所講的——烏肝木、兔髓金的陰陽反覆交替修練之道。

第四章　鼎器歌

鼎器本是乾坤體，大藥原來精氣神。若會攢來歸一處，須用同心三個人。

《悟真篇》：「先把乾坤為鼎器，次搏烏兔藥來烹。既驅二物歸黃道，爭得金丹不解生？」我們可以把《悟真篇》看成是呂祖詩的註解，知道鼎器就是玄關竅，玄關竅就是乾坤體，意思就是玄關竅不是只有單一型態，而是要在陰陽交替當中修煉的，陽就是烏肝，陰就是兔髓，所以《悟真篇》講烏兔藥，最後才產生金丹，也就是大藥。呂祖說大藥原來精氣神，是說大藥的來源是精氣神，不是甚麼真的礦石，或者外在的藥物。如果知道如何攢來歸一處，「攢」是聚合拼湊的意思，必須要用同心三個人，這裡講三個人不是真的三個人，而是指金木土三者，而金木則是來自於水火。整個意思是如果要把精氣神轉變成大藥，則需要金木土三者。

三個人，無他說，只要眞師眞口訣，指破陰陽三品丹，方可存心待明月。

這三個人是甚麼呢？呂祖說沒有其他的說法，只要真師真口訣，每個人都說自己是真師，到底怎麼樣才能知道誰是真師呢？很簡單，能夠指破甚麼是陰陽三品丹的就是真師。

「陰陽三品丹」，我們知道三個人就是金木土，金就是陰，木就是陽，三品就是三口，三個人，除了金木還有土，所以用金木土煉出來的金丹就是陰陽三品丹，不是說有別的方法煉出來的金丹叫別的名稱，金丹只有一種，就只能用金木土煉出來。這邊呂祖的意思是能夠知道怎麼用金木土煉出金丹的，才是真師，這樣的真師才能夠「存心待明月」，這就是大藥的功態，金丹快要成熟之前，就會心竅大開，出現明月內景，有這樣的能力的人，才是真師。

但是我們現在看到很多人教氣功，也自稱真師，教你幾個動作，搞吐納，讓你有點氣感，他自己頂多也就是任督有氣感，甚麼是金木都不知道，甚麼是陰陽，金木浮沉都不知道，還把陰陽當成氣感上升或下降，這就不是真師了。

待明月，也莫遲，收拾身心且築基。劈開塵心拋孽網，驅除五漏斬三尸。

等待明月出現，也不要再推遲了，趕緊收拾身心開始築基。在上一首《黃鶴賦》就跟各位分析過築基就是一百天而已，只要陰陽反覆煉對，一百天左右就可以煉出烏肝木，甚至有些人可能幾天之內，甚至幾小時之內就能產生了。

「劈開塵心拋孽網」，劈開追逐紅塵之心，拋棄情的執念，「五漏」就是五感官之漏，「三尸」指的是躲藏在三丹田的陰氣或惡欲。驅除感官向外追逐之漏，感官向外追逐神火就外洩，這就是一種漏，斬斷躲藏在體內的陰氣慾望，這樣才能開始修道。所以「除五漏」是把感官內收，注意力不向外浪費，「斬三尸」斬斷慾望。

斬三尸，見鑄劍，煉己通靈知應驗。剛柔變化任施爲，萬里驅妖如掣電。

斬斷欲望之後，到了鑄劍的階段，要開始煉己的時候，就知道這樣煉是能夠應驗的。鑄劍在《黃鶴賦》中提到「大抵煨爐鑄劍，借金水之柔剛」，到了兔髓金已經止火了，所以是採用餘火來鑄劍。築基是烏肝木的階段，煉己就是兔髓金的階段。斬斷欲望對於兔髓金的鑄劍煉己階段非常重要，若沒有斬斷欲望，則無法脫離欲界幻境，會沉溺在幻境當中，難以自拔。

例如有的人在兔髓金階段，產生飛行的幻境，就一廂情願地認定這就是出陽神，當有這樣的思想和欲望產生之後，就會不斷地想要去追逐這種幻境，這種想要追逐幻境的心態，就是一種欲望，煉己不純所造成的欲望，呂祖在這邊把這種欲望造成的幻境，稱為「妖」。這種現象也就是真正的走火入魔了，到了兔髓金應該要放下所有的欲望，不可驅使自己去追逐這種欲望，但是有些人被錯誤的丹道思想迷惑，在這種階段還是下意識地追逐心中所想的，因此沒有達到止火的狀態，還是有意無意地加火，這種情況就稱為「走火」，一種錯誤使用火候的方式，原因是煉己不純，這種錯誤的使用火候方式，就會造成幻境，就稱為「入魔」，也就是呂祖所稱的「妖、三尸」。所以這邊講的妖，並不是真正有妖，而是發自內心的欲望所產生的幻境，這種幻境是非常難以驅逐的，因為本身的價值觀念就已經信以為真了。

若不是因為追逐欲望所產生的幻境，而是堆積在深層的陰氣揮發所造成的幻境，那麼在正常的陰氣揮發之後，這些幻境就會自然消失，這就是「萬里驅妖如掣電」，而能夠這樣的原因是「煉己通靈知應驗」，重點在於「煉己」，陰土，也就是「斬三尸」，斬斷欲望所造成的效果，只要對於內心的欲望有所覺知，就不會被「妖、三尸、魔」所牽制沉迷。

「剛柔變化任施為」在《黃鶴賦》說過「借金水之柔剛」，講的就是烏肝木兔髓金陰陽反覆交替金木浮沉的現象，也是丹道修煉的核心，借由陰陽交替，加上煉己的清淨意土，不受三尸欲望所牽制，就自然能夠「萬里驅妖如掣電」，驅除這些欲界幻境就如同閃電一樣地快，只要內心有所覺察欲望的存在，幻境一下子就消失了，遇到欲界幻境只有一條路，就是對內心的欲望產生覺察，這是唯一的一條路，沒有面對內心的欲望，是不可能跨過這個幻境的，而是相反地會被幻境所牽引，形成所謂的「妖、三尸、入魔」的現象。

如掣電，劍方靈，掛向南方護水晶。若遇北方陰鬼起，一刀兩斷不容情。

萬里驅妖如掣電，以劍斬妖，就是劈開內心的欲望，獲得清淨意土，這把能夠斬除慾望的劍，掛向離火的方位，南方，以保護水中晶，水火加上清淨意土，才能產生水中晶——烏肝木。如果過程中遇到北方陰鬼，這裡的北方是相對於前一句的南方，陰鬼就是妖，三尸，代表心中慾念所引發的幻境，如果產生欲界幻境，就一刀兩斷不容情，不要去留戀幻境。

很多人看到了幻境，就誤以為是神通力，能看到甚麼特殊的景象，因此升起留戀之心，這種情況就已經開始入魔了。有一種特殊的幻境，是產生在烏肝木的光中間，當屋肝木堅固到一個程度，注意力往中間貫注進去，就會在烏肝木的光中間，打開一個畫面，這個畫面就會出現一些影像，有些人就會誤以為這就是神通力，其實這依舊是幻境的一種，同樣都是要一刀兩斷不容情。

不容情，常清靜，心中皎潔如明鏡。鏡心寂滅若虛空，始得臨爐無弊病。

如果面對慾望和欲界幻境能夠做到「一刀兩斷不容情」，那就能夠常清靜，所以這個清淨意土不是因為不起念頭，壓制念頭造成的，而是面對慾望和幻境能夠快刀斬亂麻，這一點非常重要，因為有不少偽造或托名的經典，會持這種論調，所以各位要清楚，清淨不是因為壓制念頭，也不是置心一處，也不是毫無念頭，清淨是因為對自己的慾望有覺知，而且能夠一刀兩斷不容情。

能夠做到對慾望有覺知，能夠不受慾望牽引，就能常清靜，心中皎潔如明鏡，了了分明，不是念頭了了分明，而是比念頭更深的慾望，對慾望能夠了了分明。慾望不見得是有念頭的，沒有念頭同樣也是有慾望的，例如常見的修行誤區頑空定，就是非常標準的，沒有念頭，卻有慾望，想要維持一種置心一處的想法，這種把後天意識誤認為先天真意的錯誤價值觀，就會帶著修行者進入頑空定狀態——一種沒有念頭，卻有慾望的狀態。這種頑空定因為把後天意識誤認為先天真意，因此後天意識不消滅，自然就沒有辦法產生陰陽交替，也不可能煉出金丹，因此這類人，就會把腹部的氣動解釋為丹，或者胎，把頑空定解釋為虛空，這是一個很大的誤區，請各位讀者務必注意小心，不要讓自己陷入這種誤區。

所以這個時候的皎潔的鏡心，能夠斬斷欲望的鏡心，能夠不被慾望牽引的鏡心，進入了一種「寂滅」的狀態，這時候好像虛空一樣，但是這時候是不是真正的虛空？還不是喔，只是好像而已，真正的虛空還在後面。這個不受慾望牽引的鏡心，才能開始「臨爐」，開始安爐立鼎，開始入道，開始開啟玄關竅，進入烏肝木的狀態。

無弊病，可安爐，調和鼎器莫心粗。言語不通非眷屬，龍興虎旺始堪圖。

能夠斬斷欲望，不受慾望牽引，心如明鏡狀態，才能開始安爐。安爐就是開始出現玄關，烏肝木的狀態。「調和鼎器」一開始就是煉烏肝木，「莫心粗」煉烏肝木，也就是煉光，不能太粗心，要細心，特別是氣感要轉變成光感的緊要關頭，更要細心，不要執著氣感或者動作姿勢，否則會安爐立鼎失敗。

「眷屬」就是兔髓金，兔髓金是烏肝木的眷屬，同氣相求，一個屬陽，一個屬陰，陰陽交替，所以稱為眷屬。如果不是入定態的兔髓金，那就是言語不通，陰陽無法互通，就沒辦法煉了。像很多人就會烏肝木練一練，放不下自我意識，無法進入兔髓金的狀態，強迫自己停留在一靈獨存的假入定狀態，而不是真正識神隱元神顯的兔髓金，這樣就是很嚴重的言語不通，自然也陰陽不通，非眷屬，無法產生演化，更不可能煉出金丹。如果煉出了陰陽交替，那就「龍興虎旺始堪圖」，木和金旺盛的陰陽交替，就能夠開始圖謀金丹大業，金丹才有希望煉成。

始堪圖，觀復作，鑿開混沌鴻濛竅。靜觀虎嘯與龍吟，自然華池神水到。

「觀復作」就是觀察陰陽反復運作，開始要煉金丹，就一定要從陰陽反復運作下手。「鑿開混沌鴻濛竅」，剛開始的玄關竅都是混沌昏沉，烏肝木的光也不明顯，兔髓金的光更難出現，而且陰的狀態非常昏沉，這時候還是要「靜觀虎嘯與龍吟」，還是要繼續陰陽交替繼續堅持練下去，自然能夠產生「華池神水」。呂祖講「華池」就是玄關竅，「神水」在這邊有兩個可能，一個可能是烏肝木小藥，一個可能是金丹大藥，從下一句的「鉛遇癸生須急采，金逢望遠不堪親」看起來，比較接近金丹大藥，而且是初期出現的金丹大藥，屬於胎、玄珠還沒成形的初期金丹大藥。

神水到，辨浮沉，莫教時過枉勞心。鉛遇癸生須急采，金逢望遠不堪親。

神水到了，就要分辨浮沉，不要等過時了，才白費力氣。丹道裡面的浮沉是這樣的，烏肝木階段是浮，兔髓金階段是沉，兔髓金的陰到了極點生陽，這個生陽又是浮，所以是浮——沉——浮，這樣算是完整煉了一場，所以這邊講的浮沉是前半段的「浮——沉」，還是後半段的「沉——浮」，就要看上下文了。

同樣的下一句的「鉛遇癸生須急采，金逢望遠不堪親」還是關鍵，《悟真篇》可說是呂祖詩的註解，「鉛過癸生須急採，金逢望遠不堪嘗。」講的就是二階段陽生的過程，這個過程請參考拙著《悟真篇：無為丹道二》：「『鉛過癸生須急採，金逢望遠不堪嘗。』本句應是來自呂純陽的《鼎器歌》：『鉛遇癸生須急采，金逢望遠不堪親。』癸是天干最後一個，甲乙丙丁戊己庚辛壬癸，女子的月經稱為天癸，所以我們知道癸就是陰的意思，癸生就是陰到了極限，要轉變成陽之前的狀態。這裡同樣講的就是陰極生陽的地方，到了陰極生陽的地方要急需採，這個採就是注意力灌注在這裡，陰極生陽就是練到恍惚之後要清醒過來的霎那，就是陰極生陽，很多人站起來拍拍屁股走人，以為練完了，真是大錯特錯，這個節骨眼才是最重要的，要提起覺知，急需採。採了之後發生什麼事情了？鉛就化為金，從原來的比較粗的後天氣鉛，變成精細的先天氣金，這個先天氣金就能產生二階段陽生內景，這個二階段陽生內景霎那就會消逝，所以這裡的金在很短的時間內，從無到有，出現之後，一下子就沒了。望就是滿月，代表圓滿的意思，當然這裡不會一下子就冒出滿月，所以這裡的意思是二階段陽生內景這個金氣，從出現到圓滿，一下子就沒了。如果過了圓滿的時機，想要再繼續產生這個先天金氣，就沒辦法了，一下子而已。所以才有「急」這個字眼，這個時機沒把握住，或者即使有把握住，也是一下子就過去了。不要看不起這個時機很短，如果沒有把握這個時機，沒有讓先天金氣有演化發展的機會，就沒辦法把金丹煉成熟，因為這個時機就是培養金丹初期狀態的時機。」

所以從「鉛遇癸生須急采，金逢望遠不堪親」就知道這邊講的浮沉是後半段的浮沉，也就是從兔髓金的沉，到陽生的浮，這個時機要掌握住，一浮上來，就要立刻提起覺知採藥，才能立刻凝結成大藥。

不堪親，休亂取，地裂山崩難作主。不知止足必傾危，盛夏嚴霜冬大暑。

過了陽生的時機，就沒辦法形成大藥了。丹道裡面像這種時機的掌握非常重要，不可以用後天意識亂搞，必須順隨天機，掌握時機才能成功，否則違反陰陽原則，地裂山崩，陰陽不合，就沒辦法成功。該止火的時候就要止火，否則必定會造成爐鼎傾倒的危險，原本應該如同陽氣盛放的盛夏卻變成冬天的嚴霜，原本應該嚴寒的冬天卻變成大暑，這樣就煉不成了。

講起來好像很容易，似乎每個人都不會犯這種錯誤，事實上犯這種錯誤的人到處都是，原本應該要水火轉烏肝木的時機，火在水的部分應該要止火，卻不停地運轉所謂的小周天，造成安爐立鼎失敗；原本應該進入烏肝木的陽極狀態，卻變成頑空定，冷清無生氣；原本應該進入兔髓金的收斂狀態，卻硬撐著行陽。這樣違反天機的修煉方式，就是所謂的「傾危」。

冬大暑，不遭逢，三寶牢關密守中。太極自然生造化，趁時搬取入黃宮。

如果能夠順應「太極自然」，讓造化演化自然產生，那麼就不會遭逢原本應該收斂的冬天卻大暑。「三寶」是來自於《參同契》：「耳目口三寶，閉門無發通。」跟「五漏」同義，都是感官，收斂感官如同冬天一樣，守住中央的玄關竅。趁時機進入黃宮，「黃宮」也是玄關竅，但是是比較進階演化的玄關竅，也就是能夠產生二階段陽生的玄關竅，能夠開始產生初級金丹的胎、玄珠狀態的玄關竅。

入黃宮，須愛護，十月澆淋休失誤。子行陽火虎龍交，午退陰符自保固。

進入能夠產生陽生二階段的玄關竅之後，需要細心愛護，在十月懷胎的過程中，要時時澆淋不懈怠，讓二階段陽生能夠經常產生。子就是陰極生陽的節骨眼，也就是陽生的時機，這個時機要提起覺知，所以稱為「行陽火」，龍虎交就是這個時機，先行烏肝木龍，再行兔髓陰虎之後，陰極生陽的霎那，就是虎龍交。午就是陽極生陰，陽到了一個極限，就要止火，退陰符，用餘溫沐浴保固，進入兔髓陰。這樣陰陽交替，不斷地龍虎交，結胎，這樣金丹才有希望成功。

自保固，暫相離，端坐忘言更待時，輻輳迴圈終則始，三百六十莫違期。

到了陽的極限，止火退陰符，用餘溫沐浴保固，進入兔髓陰，這時候意識下沉，感官停止，故為「暫相離」——感官暫時停止運作，與外界暫時相離。此時端坐忘言，失去所有的意識，等待陽生的發起。就這樣陰陽交替如同車輪輻輳迴圈一樣，每天都要這樣煉，一整年都要這樣煉。《周易》：「乾之策二百一十有六，坤之策百四十有四，凡三百有六十，當期之日。」

莫違期，爲則例，悟明眞理須當契。若還執著爻象行，只恐勞神形盡弊。

一年三百六十天，天天都要煉，不可不煉，「莫違期」，要把修練當成「則例」法規，要求自己天天都要煉，要悟明真理就要把修練當成對自己的契約，不可懈怠。但是如果因此而執著於當天的卦象，非得按照當天的卦象來煉，扭曲了陰陽交替反復的真義，恐怕只會白費力氣，浪費生命。

形盡弊，往來堅，只恐心機未得閒。思慮慕眞毫髮錯，鉛消汞散不成丹。

錯誤的煉法造成生命的浪費，恐怕心機再怎麼操作，一步錯，步步錯，差之毫釐，失之千里，鉛消汞散煉不成金丹囉。大方向錯了，再怎麼耗費心機都是枉然。

不成丹，思煉己，皆因失卻玄中理。水乾火燥要調停，刑德臨門知進退。

煉不成金丹，就要反思有沒有清淨意土，有沒有給自己強加太多後天干涉，汙染意土，要知道這都是因為失去自然修煉的道理。在水火鍛鍊階段，水已經乾了，火已經燥了，就要知道調停。甚麼是「水乾火燥」？在水火階段，水就是氣，火就是神火注意力，當氣煉到後來，從有氣感煉到沒氣感，這就是所謂的「水乾」，煉到沒氣感之後，神火還非常旺盛，「火燥」，就會進入頑空定狀態，沒有氣感，沒有光感，甚麼都沒有，空空如也，也沒有念頭，這就是「水乾火燥」的頑空定狀態，很遺憾，到如今還是很多人把這樣的狀態當成「虛空」，不知這樣的狀態是「水乾火燥」，不知止火，已經失去安爐立鼎的機會了。

關於「刑德臨門」，請參閱拙著《悟真篇：無為丹道二》如下：

「刑德臨門」，在《參同契》提到「刑德」爲：「剛柔迭興，更歷分布。龍西虎東，建緯卯酉，刑德並會，相見懽喜，刑主伏殺，德主生起。二月榆落，魁臨於卯，八月麥生，天罡據酉。」，《黃帝四經》提到：「春夏爲德，秋冬爲刑。先德後刑以養生。」「刑德相養，逆順若成。刑晦而德明，刑陰而德陽，刑微而德彰。」可知刑爲陰，德爲陽，刑爲秋冬，屬金；德爲春夏，屬於木。從《參同契》可知，「德主生起」——二月、卯，所以與兔之月和時相同；「刑主伏殺」——八月、酉，與雞之月和時相同。所以刑德臨門也是陰陽臨門的意思，而且「藥象之」，藥產生「象」，這個

「象」就是指光之象。換言之，「刑德臨門藥象之」，陰陽兩小藥產生光，也就是開始產生烏肝兔髓。

「水乾火燥」就是煉氣煉過頭，有氣煉到沒氣，變成頑空定還想要繼續煉氣，這種情況「要調停」，不要再用武火去催動氣感了，該止火了，這樣遇到「刑德臨門」烏兔小藥開始產生的時候，才有辦法順利安爐立鼎，所以說要知進退，講的就是火候，不要煉氣煉過頭，沉迷於氣感，不知進退，造成「水乾火燥」。

知進退，勿憂凶，煉就爐中一點紅。產個嬰兒兌氣足，三年溫養似癡聾。

知道甚麼時候該進火，甚麼時候該退火，就不會造成「水乾火燥」逆勢而行的凶象，不用擔心安爐立鼎會失敗，這樣就可以煉就爐中一點紅，玄關竅當中隨時有小藥在陰陽反復當中鍛鍊，把握陽生二階段產生金丹胎嬰，也就是金丹的雛型。「兌氣足」就是兔髓金的氣達到極點，陰極生陽，產生陽生二階段，出現金丹雛型，十月懷胎成功，開始進入三年溫養階段，也就是產生二階段陽生金丹雛型之後，還要持續溫養三年，才有希望成就金丹，這三年階段的修煉，好像白癡聾子，因為修練的狀態會有很長的時間處在入定態，像白癡聾子一樣，對外界沒有反應。

似癡聾，眞快樂，靜裡調神離軀殼。東西南北任遨遊，出入往來乘白鶴。

像白癡聾子一樣長期處在入定態，真快樂，甚麼煩惱事情都忘光光了，只知道坐忘，當然快樂，沒甚麼事情牽掛在心裡，當然若有事情牽掛，也煉不好。在入定態當中「調神」，烏肝木為陽神，兔髓金為陰神，陰陽神反復調和，終究煉成金丹，成就真人，脫離胎嬰的玄珠狀態。此時成就的真人，東西南北任遨遊，出入往來乘白鶴。

這段很容易被誤會成幻境當中的離魂症，在幻境過程中，有一種屬於修練者會常出現的幻境或者夢境，就是看見自己在飛翔，但是這個狀態並非是修練成功，而是修練過程中會出現的離體幻境，非常真實，如同身歷其境。

筆者認為這段同樣有兩種可能，一種是被搬運法練習者所竄改，另外一種可能講的是幻境過程中的現象。

乘白鶴，脫塵埃，三島神仙集會來。一任桑田變滄海，我身無事掛靈台。

成就真人，脫離塵埃，各路神仙也來集會，任由時間變換，滄海桑田，只要沒事我就進入靈台的真人狀態。

積功累德超凡世，依然現化度群迷，那時方遂男兒志。

最後這一句話，懷疑是後人所加的，而且也沒有跟上一句連在一起，因為牽涉到乩童附身的傳言，頗有疑慮。

這首詩有問題之處頗多，各位讀者參考就好。

第五章　真經歌

眞經歌，眞經歌，不識眞經盡著魔。人人紙上尋文義，喃喃不住誦者多。

誰說修行人不批評別人的？呂祖這句話就是在批評別人的，很多假修行人，用錯誤的方法在誤導他人，任何一個走對路的修行者，都很難看得下去的。這段話很明顯的就是在批評念經的派別，像淨土宗就是了，還有傳統的道教也會念經。

持經咒，念法科，排定紙上望超脫。若是這般超生死，遍地釋子成佛羅。

這句話跟上一句一樣，也是在批評淨土宗這類的念經門派，要是念紙上的文章能超脫生死，那滿地的出家人都成佛了。

得眞經，出洪波，不得眞經莫内何。若問眞經端的處，先天造化別無多。

得到真正修行的經典，就像是呂祖詩，就能夠逃出假修行的洪流，沒有得到真正的經典就只能無奈何，無可奈何，到處都是假經典，連呂祖都被造假出一堆，例如《太乙金華宗旨》、《鍾呂傳道集》、《靈寶畢法》等等，想要修行呂祖真經的，都被假經典引導到歧路去了。

若要問真經到底厲害在哪裡，就是先天造化與演化的功能而已，沒有別的，那些講怪力亂神的，念經的，煉氣功的都是歧路。

順去死，逆來活，往往教君尋不著。眞經原來無一字，能度眾生出大羅。

這裡講的順逆就是五行，順五行，就是走向人生死亡的道路；逆五行，水火生金木，再生金丹，就是活路。但是這一條路往往教大家找不到，不是被假經典誤導，就是找不到真正的經典，沒有煉到一定的程度，根本沒有分辨真假的能力。

真經原來沒有一個字，不是像那些講咒語的那樣，非要念甚麼咒才行，真經不是念咒語，無一字，而是在修煉當中找到先天演化法則，才能夠度眾生產生大羅金仙，大羅金仙就是煉出金丹真人。

要眞經，度自己，除非同類兩相和。生天生地與生人，豈離陰陽造化窩。

要找到能夠度自己的真經，除非是同類兩相和，同類就是烏肝木和兔髓金，兩者陰陽反復相和，這跟大自然一樣；生天生地生人，怎麼可能離得開陰陽自然造化的本質。

說眞經，不脫空，西川澗底產黃金。五千四十歸黃道，正合一卷大藏經。

真經不是講那一大堆空無空話，我們看張伯端的文章當中，也有不少他早期修煉禪宗所寫出來的詩，也是滿嘴空話，但是內容一看，就知道是比較早期還沒煉出兔髓和金丹的內容，只有烏肝就可以寫了一堆空，想來張伯端煉出金丹之後，也很後悔被耽誤了，才會寫出「近來世上人多詐，盡著布衣稱道者」。

西川就是水中金，從煉氣當中產生烏肝木，烏肝木就是水中金，就是西川。從烏肝木就可以產黃金，烏肝木是小藥，黃金是大藥，小藥就是產生大藥的來源。

五千四十指的是《大藏經》的數量，但是《大藏經》一直在增加，現在網路上的《大藏經》就有好幾個版本，遠遠超過五千四十，不過這裡的意思就是指《大藏經》全部的量，意思是就算是佛教的《大藏經》，講了這麼多關於修行的東西，最後也是要歸黃道。黃道就是進入產生大藥狀態的玄關竅，玄關竅是會演化的，烏肝木狀態的玄關竅，和兔髓金狀態的玄關竅，和陽生二階段狀態的玄關竅都是不同的，黃道就是指陽生二階段以上的玄關竅，能夠產出金丹大藥的玄關竅。

日滿足，氣候通，地應潮兮天應星。初祖達摩親口授，眞玄妙法蓮花經。

每天這樣煉，煉到某一日時機到了，「氣候通」，大藥就會產生，「地應潮兮天應星」，該有的大藥現象就會產生。初祖達摩親口教二祖的應該是《楞伽經四卷》，不是《法華經》，這裡呂祖可能有點誤解，不管如何，意思就是丹道和佛法都是一樣的，不是殊途同歸，而是本來就是同一條路。佛法的四聖諦苦集滅道，跟丹道的陰陽反復交替是一樣的，道路都是相同的，只是表面的名詞不同而已。

初三日，震出庚，曲江上，月華瑩。花蕊初開含珠露，虎穴龍眠探濁清。

「初三日，震出庚」這句話請參考本書在《黃鶴賦》的解說：「三日是初三，開始產生新月，初一初二還看不到新月，初三時一彎新月就出現在傍晚的西方位置，庚代表西方偏西南，庚辛代表西方，庚屬陽，西南方，辛屬陰，西北方。初三代表陰極生陽，陽已經產生的霎那，如同一彎新月產生在西南方。這段是延伸上一句的『審造化，似月之盈虧。』懂得認出陽生的時機，就像月的盈虧，陰極生陽，陽生產生的時機，如同一彎新月產生於西南方。」震就是一陽，就像初三的一彎新月，出現於庚的方位，也就是西方，講的是陽生有象的時機。

「曲江上，月華瑩」這句話要參考本書在《沁園春》的解釋：「『曲江上，見月華瑩淨，有個烏飛。當是自飲刀圭。』月華就是兔髓，烏飛就是烏肝光在流動，刀圭是測量藥物的器具，引申為小藥，所以飲刀圭就是吞食小藥，意思就是吸收小藥轉化為大藥。」所以這裡講的「曲江上，月華瑩」就是產生小藥，曲江是在長安城郊的一個湖泊，算是當時的一個風景區，可能當時呂祖人就在那裡，對景生情寫出來的。

「花蕊初開含珠露」各位要有一個概念，呂祖只要講到花，幾乎都是講烏肝木的意思，也是小藥，上一句的「曲江上，月華瑩」是兔髓金的小藥，這句「花蕊初開含珠露」是烏肝木小藥，烏肝木來自於水，所以剛開始的烏肝木小藥含珠露，才剛從水轉化過來木，還含有水的成分在裡面。

「虎穴龍眠探濁清」在這個階段，「濁清」特別重要，《黃鶴賦》：「始焉將無入有，龍居虎位，要知藥物之老嫩；終焉流戊就己，虎會龍宮，須辨水源之清濁。」水源的清濁源自於煉己階段，也就是兔髓金階段，這個階段要是煉己不純，水源不清，己土不清淨，就會造成陽生大藥的失敗，可能會陷入因為意土不清淨所造成的幻境當中。而兔髓金就是烏肝木已經停止運作的階段，所以稱為「龍眠」，這個階段也跟睡眠狀態很像，所以用「眠」有雙重含義，一方面是烏肝木停止運作，一方面是陷入睡眠狀態。而在這個狀態，水源清濁，己土清淨特別重要。

也就是在己土尚未清淨的狀態下的陽生，是很容易因為汙染的欲望，陷入幻境當中，若有人因此追尋金丹真人的意象，很可能就會在此時產生種種幻境，若非過來人，難以分辨真假，不可不慎。

水生二，藥正眞，若待其三不可進。壬水初來癸未來，須當急采定浮沉。

壬水，陽水，水本為陰，這裡卻說陽，指的是烏肝木，五行顛倒，木生水，故陽水為木。癸為陰達到最尾端的極限，即將轉變為陽之前的最後的陰。這裡我們看《鼎器歌》這句就很清楚了，「鉛遇癸生須急采，金逢望遠不堪親。」也就是壬水就是木，鉛，剛開始出現的時候，陽生還沒產生的剎那，就要趕緊提起覺知，采大藥，這時候的浮沉就是後半段的先沉後浮，癸陰沉到了極點，往上浮提起覺知采大藥。

了解了「鉛遇癸生須急采，金逢望遠不堪親」和「壬水初來癸未來，須當急采定浮沉」的含意之後，再來看「水生二，藥正真，若待其三不可進」就非常清楚了。水就是鉛，壬水，烏肝木；二就是兔髓金的陰，癸。經歷過先陽後陰，先浮後沉，要開始產出大藥前夕，這時候要能夠掌握時機，才能產生大藥，故稱「藥正真」，如果等到三了，「若待其三不可進」，大藥產出的時機過了，再想要采就來不及了，就要掌握那一霎那，陰極生陽，要生未生的那一剎那的時機，只有一秒鐘，錯過就沒了，所以說「不可進」。

金鼎煉，玉爐烹，溫溫文火暖烘烘。眞經一射玄關透，恰似准箭中心紅。

金鼎是玄關，或者可以說是兔髓金狀態的玄關，玉爐也是玄關，可以說是烏肝木狀態的玄關，木，色青，青為玉。玄關經過烏肝木兔髓金的陰陽反復交替修煉，烏肝木文火，兔髓金止火，兩者陰陽交替煉透玄關，就跟射中箭靶的中心一點紅一樣，一箭射穿就跟陽生的時機一樣，時機一到，煉透，成就金丹大藥。

遍體熱，似籠蒸，迴光返照入中宮。一得眞經如酒醉，呼吸百脈盡歸根。

「遍體熱，似籠蒸」有兩個可能，一個是動功，「還丹七返，因有動而方有靜」，一個是烏肝木陽極煉透，也有可能是雙關語，所以要看上下文，下文是「迴光返照入中宮，一得真經如酒醉，呼吸百脈盡歸根。」從下文來看，很明顯是進入兔髓陰的狀態，所以說是「如酒醉」，從上文來看「玉爐烹，溫溫文火暖烘烘」講的是烏肝木的狀態，因此「遍體熱，似籠蒸」講的應該是烏肝木的狀態，但是又加上煉水火階段的情況，故雙關語的可能性很高，筆者傾向呂祖使用雙關語。

至於中宮是甚麼？要參考《參同契》：「坎戊月精，離己日光，日月為易，剛柔相當，土旺四季，羅絡始終，青赤黑白，各居一方，皆秉中宮，戊巳之功。」坎是水，戊是陽土，月精是陰精，水加上陽土產生月精，也就是水中金，水中精華，就是烏肝木。離是火，己是陰土，日光是陽精，火加上陰土產生日光，也就是火中精華，就是兔髓。易是交易，陰陽交替，剛柔是陰陽，剛柔相當，陰陽相當。在陰陽交易變換，各占一半，剛柔相當的情況下，要靠的是中土「土旺四季」，四季就是春夏秋冬，木火金水，火生金，水生木，金木陰陽交易剛柔相當，靠的就是土旺四季，才能「羅絡始終」，從始至終都能夠循環不息。因此青赤黑白，就是木火水金，各居一方，東南北西，要能夠運行，都是靠著中宮，也就是土，戊己就是土。所以這邊講的中宮，就是相對於東西南北，木金火水，四個方位的中間，這四個方位能夠運行不息，就是靠著中宮之土。

知道了中宮就是中土，就能知道迴光返照的意思，烏肝木是光，兔髓陰也有光，雖然大部分都沒有光，只是迴光返照的光，主要是烏肝木的光，「迴光返照」進入中宮中土，「一得真經如酒醉，呼吸百脈盡歸根。」後面的狀況才有可能出現。

「遍體熱，似籠蒸」同時講水火階段和烏肝木的雙關語，「迴光返照入中宮」講烏肝木的光產生之後，收回這個光照入中宮中土，煉己清淨真意。烏肝木的光剛開始產生的時候，還跟煉氣階段有部分重疊，因此意識狀態屬於比較下沉的識神，後天的部分還是在的，要完全進入先天，則需要靠清淨意土，因此需要入中宮中土，才有可能煉己成清淨真意，在清淨真意底下，兔髓金才有可能產生「一得真經如酒醉，呼吸百脈盡歸根」，否則兔髓金的陰狀態下，就會進入一種幻境的狀態，幻境就是意土不清淨所造成的排毒作用，意土受到後天慾念的汙染，因此產生幻境的排毒功能，也就是幻境是一種排除意土汙染的現象。

精入氣，氣忽神，混沌七日復還魂。這般造化眞消息，料得世人少人論。

煉精入氣，這屬於水火階段，氣功階段，相信大部分的人都是了解的，「氣忽神」進入煉神階段就一堆人搞不懂了，木為陽神，金為陰神，從開始產生烏肝木就一堆人搞不懂了，甚至有很多人認為看見光就是幻境，非得要拉下到水火階段，拚命煉氣不可，像這種根本就是煉不了神了，整個價值觀都出問題，意土也不清淨，沒辦法入道。

如果沒有在煉氣轉成烏肝木的煉神階段被誤導，能夠順利從水火轉成烏肝木，也沒有被假丹經誤導，把烏肝木的金花當成金丹，而能夠順利煉己成功，慢慢進入兔髓金的化陰混沌階段，那兔髓金的化陰到一個程度之後，就會陰極生陽，剛開始的陽生，就是烏肝木，或者層次更低，只有水火的氣感而已。而魂就是烏肝木，陽魂，兔髓金就是陰魄。混沌七日就還魂，這說法有點樂觀了，筆者可能身體狀況比較差，當年足足混沌了兩年，一煉功就昏過去，堅持兩年後才有起色，才開始產生突破。

像這樣的陰陽自然造化，「料得世人少人論」，大多數的人，都只知道煉氣，不知道一陰一陽之謂道，不懂得金木反覆，五行顛倒，又如何能入道呢？這就是筆者立志要出書，還真正的丹道一個真面目的主要動機。

活中死，死復生，自古仙佛賴眞經。此個造化能收得，度盡閻浮世上人。

「活中死」講的就是意識的浮沉，意識下沉就像睡死一樣，所以說活中死，「死復生」睡死到一個程度，陰極生陽，意識又浮了上來，這樣意識下沉上浮陰陽反復，加上五行俱全，真鉛真汞真土，三家相見，這就是真經。一開始就是意識浮沉，意識生滅，如同活中死，死復生一樣，但是這種睡死，和沒有真鉛真汞真土的睡死又不一樣，這種在陰陽當中，金木反復當中，會產生轉化，所以不要以為睡覺就是修練，這樣又是誤會了，這樣上面講一大堆五行演化，豈不是白講了？

所以除了五行演化之外，還有意識的浮沉，也非常重要，沒有搞懂意識的浮沉，沒有搞懂「活中死，死復生」，也同樣會把五行演化扭曲到別的方向去了。這個造化能夠收得，起碼就能夠度化自己了。當然呂祖是很大的宏願，「度盡閻浮世上人」，但是人難度喔！真的去做就知道了。

大道端居太極先，本於父母未生前。度人須要眞經度，若問眞經癸是鉛。

大道在太極之前就先存在了，在父母未生之前就存在了，度人需要真經才能度，若問真經是甚麼？癸就是陰極生陽，鉛就是真鉛，烏肝木，最初的光。

呂祖寫了這一篇，還怕大家看不懂，最後講得很白了，陰陽就跟生死一樣，陽生時候的光很重要，把握了陰陽交替意識生滅，把握了光，當然還有清淨意土，那重點就有了，煉丹就有希望了。

第六章　沁園春

其一

火宅牽纏，夜去明來，早晚無休。奈何今日茫然，不知明日，波波劫劫，有什來由。人世風燈，草頭珠露，我見傷心眼淚流。不艱久，似石中迸火，水上浮漚。休休，及早回頭，把往事風流一筆勾。但粗衣淡飯，隨緣度日，任人笑我，我又何求？限到頭來，不論貧富，著什幹忙日夜憂。勸年少，把家緣棄了，海上來遊。

《法華經．譬喻品》：「三界無安，猶如火宅，眾苦充滿，甚可怖畏，常有生老病死憂患，如是等火，熾然不息。」「火宅」是來自於《法華經》，加上《真經歌》的「初祖達摩親口授，真玄妙法蓮花經。」可見得呂祖也受到《法華經》的影響，火宅是說家裡已經著火了，像生命已經邁向死亡了，眾生還跟小孩子一樣貪戀玩耍不肯離開。

「夜去明來，早晚無休。奈何今日茫然，不知明日，波波劫劫，有什來由。」感嘆眾生生命日復一日，毫無意義的生命。「人世風燈，草頭珠露，我見傷心眼淚流。不艱久，似石中迸火，水上浮漚。」感嘆生命如風中殘燈，草頭上的露珠，一下子就不見了，像是打火石中迸發出來的火花，水面上的泡泡，轉眼即逝。

「休休，及早回頭，把往事風流一筆勾。但粗衣淡飯，隨緣度日，任人笑我，我又何求？限到頭來，不論貧富，著什幹忙日夜憂。勸年少，把家緣棄了，海上來遊。」及早回頭修行，即使粗茶淡飯，也能隨緣度日，任憑他人嘲笑，又有何求，有朝一日大限到來，不管貧富，都還是得面臨死亡，勸趁著年少，趕緊修行。

從呂祖的感嘆當中，可以看到，呂祖修行雖然受到後代很大的肯定，也有很多傳說是呂祖再現神蹟，但是當呂祖活著的時候，並非像後代傳說的那樣風光，而是在放棄名利追逐，開始修行之後，遭到他人的嘲笑。雖然呂祖不在乎他人的嘲笑，但是很明顯的，一個沒有被造神的實修者，在實際上的生活中，其實是面臨怎樣的困境，粗茶淡飯，他人嘲笑，這才是真實，若非有很深的感悟，又有幾個人能夠忍受得了呢？眾人只看到幾百年後被造神的呂祖，沒看到呂祖詩當中真正的呂祖。

其二

詞曲詩文，任汝空流數千萬篇，奈日推一日，月推一月，今年不了，又待來年。有限光陰，無涯火院，只恐蹉跎老來閑，貪癡漢，望成家學道，兩事雙全。凡夫只念塵緣，又誰信壺中別有天。這道本無情，不親富貴，不疏貧賤，只要心堅！不在勞神，不需苦行，息慮忘機合自然。長生事，待明公放下，方可相傳。

有限的光陰，貪心的人成家修道都想要，恐怕只是蹉跎時光，老了即使有閒，也不好練了，呂祖寫得客氣，我幫他講得更白話了。凡夫只想著世間的名利財色，又有誰相信壺中別有洞天？修道沒有因為富貴就有特權，也沒有因為貧窮就疏遠，只要堅定到底，不需要勞神苦行，只要能停止思慮進入坐忘狀態，合於自然，就有希望能成就。修道的事情，必須要等對方能放下塵緣才能相傳，塵緣太重的人，只能丟著不管了，筆者在網路上教學也是如此，想修練，請他寫日記，藉口一堆，一下子忙這個一下子忙那個，到最後不了了之，像這類的，傳他修道之法，也是浪費自己的心力而已。

其三

七返還丹，在人先須煉己待時。正一陽初動，中宵漏永，溫溫鉛汞，光透簾帷。造化爭馳，龍虎交媾，進火功夫牛斗危。曲江上，見月華瑩淨，有個烏飛。當是自飲刀圭。又誰信無中養個兒，辨水源清濁，木金間隔，不因師指，此事難知！道要玄微，天機深遠，下手速修猶太遲。蓬萊路，仗三千行滿，獨步雲歸。

七就是火，「七返」，神火回來，就可以還丹，講的就是二階段陽生，陰極生陽的霎那，陽生的霎那，神火上浮，就是七返，這個霎那就能「還丹」，產生金丹，所以我們知道陽生二階段產生的曼陀羅幾何就是初級的金丹了。「煉己」就是煉陰土，主要是在兔髓陰階段的陰土，為潛意識中的信念，若信念當中有欲牽纏，就會造成己土不清淨，如果煉己不純，就會在陽生之際產生幻境，而不是真景。「待時」就是等待陽生之時，「煉己待時」就是在兔髓陰狀態下，煉清淨陰土己之後，剩下的就是等待陽生的時機。

「正一陽初動」陽生初動的時機，「中霄漏永」半夜時分，這裡不是真的講半夜時分，而是講一陽生初動的那個時機，就能產生「溫溫鉛汞，光透簾帷」鉛就是烏肝，汞就是兔髓，鉛汞就是小藥，整段的意思就是陽生剛開始的時候，還沒有產生大藥，而是產生小藥，小藥「溫溫」在文火之下作用，就像是「光透簾帷」一樣。這裡講的小藥，主要是鉛，烏肝，剛開始的烏肝光看起來就像是光從窗簾透過來一樣，沒有很亮，也沒有很清楚，但是看得到光在游動。

「造化爭馳，龍虎交媾，進火功夫牛斗危。」「造化爭馳」，就是搞懂陰陽演化，意土清淨之後，演化就快速開始了，「龍虎交媾」就是烏肝木的陽和兔髓金的陰兩者交替，這中間牽涉到的「進火功夫牛斗危」，筆者認為「牛斗」真的說不通，有的註解說是牽牛星箕斗星，筆者認為呂祖詩經常有被誤植或竄改的問題，所以這裡的「牛斗」可以省略不看，應是「進火功夫〇〇危」，至於進火功夫如何危？這點在其他首詩當中已經都說得非常清楚了，例如水火階段轉換成烏肝階段時，水火就該該文火而未文火，造成水乾火燥的問題；或者烏肝轉換成兔髓階段，也該止火而不知止火，造成陰陽無法交替，龍虎無法順利交媾，當然金丹也就煉不成了；或者陽生之時的七返，應該要進火卻沒有把握時機進火，造成小藥無法順利轉變成大藥，造成還丹失敗，也是一個危險。關於火候的三大危機時刻，前兩者都屬於「止火」，只有第三項屬於「進火」的時機，因此推估此誤植的兩字，應當是沒有把握七返時機之類的文字。又或者硬要說非誤植，那也只能將「牛斗」解釋為跟鬥牛一樣危險，只要很短的時機沒有把握好，就失敗了，而唐朝確實也有一位畫家戴嵩，確實也畫了一幅有名的鬥牛畫，所以我們也不能排除呂祖講的是鬥牛之際的那種分秒必爭的危險。

「曲江上，見月華瑩淨，有個烏飛。當是自飲刀圭。」曲江是長安城郊外的一個小湖泊，算是當時的風景區，到現在還是存在的。月華就是兔髓，烏飛就是烏肝光在流動，刀圭是測量藥物的器具，引申為小藥，所以飲刀圭就是吞食小藥，意思就是吸收小藥轉化為大藥。

「又誰信無中養個兒，辨水源清濁，木金間隔，不因師指，此事難知！」誰又相信在無當中可以產生一個兒，兒就是真人。分辨水源清濁，如何分辨，靠的就是土，土清淨水就清淨，土不清境，水就不清淨。甚麼叫做土清淨？就是沒有用欲念去導引干涉，就是清淨，沒有用後天去控制就是清淨，沒有追逐慾望，就是清淨。簡單說，放不下後天意識就是不清淨。所以練氣功的人，後天不清淨，就無法產生烏肝木，沒辦法產生光。無法產生烏肝木，自然連兔髓金也無法產生，木金兩者間隔陰陽交替煉金丹那就更不可能了。

這兩件事情沒有練過這一切的老師指引，很難知道，水源清淨牽涉到內在欲念，若非有極堅定的內觀覺照訓練，普通人是很難靠自己度過這關的，經常會在這裡卡在幻境關。金木間隔牽涉到陰陽交替，幾乎沒甚麼人能夠知道甚麼叫做真正的陰陽交替，即使呂祖說得再清楚，「活中死，死復生」，但是普遍來講，放眼望去，近代幾百年幾乎無人能夠看破這塊，市面上的丹經講解，也都是用一種水火氣功的方式講解，這根本不在入道的範圍之內，水火還入不了道呢！更何況把金木當成水火的代名詞，妄想用氣功的升降來解釋金木間隔，那是完全不對了。

「道要玄微，天機深遠，下手速修猶太遲。」這道即使有老師教，依然非常玄微深遠，即使你現在知道了，下手去練，對某些人來說，年紀到了，就非常難練了，可能還太遲，更何況一大堆塵緣未了的，說甚麼退休之後有空才要練，年輕時候不練，退休之後才想練，身體已然嚴重虧損，恐怕要入道，已經是難於上青天了。

「蓬萊路，仗三千行滿，獨步雲歸。」最後一句也是鼓勵人的話，蓬萊路就是成仙之路，三千行滿就是達到九年面壁的程度，修行圓滿之後，達到九年面壁的程度之後，就能獨步雲歸。

第七章　敲爻歌

漢終唐國飄蓬客，所以敲爻不可測。

為什麼一開頭就要講「漢終唐國」？各位就要往後面看「敲爻」二字，爻就是八卦上面的符號，一個陰一個陽，八卦就是乾坤坎離震巽艮兌，講的就是《周易參同契》這本書的成書年代，《參同契》這本書是在漢朝寫的，所以才說「漢終」，「唐國」則是呂祖生活的年代，「飄蓬客」指的是呂祖自己。「所以敲爻不可測」說的是呂祖研究這本書，認為《周易參同契》深不可測。呂祖詩的兩大來源，一個是《入藥鏡》，一個是《參同契》，並非如一般所傳言的《鍾呂傳道集》，各位看過呂祖詩之後就知道，鍾呂一書和呂祖詩的思想，完全不同，不可能是同一人所寫。

縱橫逆順沒遮攔，靜則無爲動是色。

「縱橫逆順」來自於《參同契》：「賞罰應春秋，昏明順寒暑」，「逆之者凶，順之者吉」，「悖逆失樞機」，「隆冬大暑，盛夏霜雪。二分縱橫，不應漏刻。」，「心專不縱橫，寢寐神相抱」。「逆順」比較清楚，順著丹道修煉當中的陰陽反復，就是順，順陰陽之意；所以「逆」就是不順從陰陽，該陽的時候不陽，該陰的時候不陰，後天干預，例如前面提過的「水乾火燥」就是逆的範例之一。比較常見的是該陰的時候不陰，該止火的時候不止火，用火過度，導致水火無法順利產生小藥烏肝木，造成「水乾火燥」陰陽不調，這是最常見的逆之一。而「縱橫」也是類似的意思，二分就是春分秋分，春主生發，為木的同類詞，秋主肅降，為金的同類詞。所以「二分縱橫」，就是該生發的時候不生發，該肅降的時候不肅降，「縱橫」就是任意妄為，跟「逆之者凶」意思是一樣的，所以「縱橫逆順」就是是否順從陰陽的意思，順從陰陽或者不順從陰陽。「沒遮攔」就是沒阻擋。順從陰陽或者悖逆陰陽就在於沒有阻擋，沒有後天的干預阻擋，順從自然，自然就能順從陰陽。像煉氣的人，一直想要把氣感催化得更強，完全無視於陰陽反復的自然規律，這就是後天干預，就是「遮攔」，就會導致「逆之者凶」、「二分縱橫」。

靜就是無為，不干預，不阻擋，順之者吉。動就是色，色身，動功，動身體為主。有動才有靜，一直靜坐著，身體不順暢，全身僵硬，肯定靜不下去。

也飲酒，也食肉，守定胭花斷淫欲。

這是雙關語用法，第一層意義當然是呂祖闡述自己並不像當時流行的佛教徒那般的吃素，而是跟正常人一樣的飲食習慣。第二層意義是呂祖喜歡使用「飲酒」代替兔髓陰狀態，也就是進入兔髓陰狀態就跟喝了酒一樣，進入混沌，意識模糊，兔髓陰就是意識下沉，所以呂祖用飲酒來比擬這種狀態。

各位看到呂祖講「花」就要知道，這代表烏肝木，金花就是烏肝木，金丹不是烏肝木，金花不是金丹，這一點務必要搞清楚，不要給鸞生（乩童）所寫的託名偽作《太乙金華宗旨》所誤導，所以「胭花」就是烏肝木的狀態。「淫欲」這邊也是雙關語，可以代表所謂的淫欲，也可以代表更細微的欲望，也就是煉清淨意土。

行禪唱詠胭粉詞，持戒酒肉常充腹。

呂祖這段都是雙關語，「胭粉詞」指的是他寫的這海量的詩，只是很可惜的，竟然被冒名的三大假丹經覆蓋掉，讓人以為呂祖教的就是那些搬運法，幸好這些原始的詩歌都傳下來了，才有辦法知道真正的實修內容到底是甚麼。

「行禪」、「持戒」並非是呂祖真正行禪持戒，呂祖並非佛教徒，他自己也說他是吃肉的，這和唐朝當時的佛教徒不同，所以這裡應是雙關語，代表他的實修。至於「酒肉」也是雙關詞，代表金木反復的實修狀態。

色是藥，酒是祿，酒色之中無拘束。

這裡的「色」代表色身，呂祖雖然不是佛教徒，但是他還是有看當時流行的佛教經典的，起碼知道色代表色身。色身是藥，水就是氣，就是來自於色身，木就是烏肝小藥，來自於水的進化，所以說「色是藥」。「酒」代表恍惚的兔髓陰狀態，要能夠由陽入陰，再由陰生陽，這樣才能產生大藥，所以說這種類似酒醉的恍惚化陰狀態是祿，祿本意是福報，好處，俸給的意思，在這邊引身為得到小藥之後好的結果。「酒色之中無拘束」，「酒色」是雙關語，其實講的是先陽後陰的功態，「無拘束」也是雙關語，跟一開始的「沒遮攔」是一樣的意思，沒有後天欲念阻礙的狀態，以一種道法自然的方式修行。

只因花酒悟長生，飲酒帶花神鬼哭。

「花酒」是雙關語，代表先陽後陰，先烏肝木後兔髓陰的陰陽反復狀態，陰陽金木反復狀態是修道要訣，故稱「悟長生」，「悟」字用得好，若沒有悟到陰陽反復的根本，完全是無法煉的，怎麼煉都能歪樓，因此造就了把幻境當成出陽神、把烏肝當成金丹的鬧劇。

「飲酒」代表兔髓金陰，「帶花」代表烏肝木陽，「飲酒帶花」代表陰陽反復，持續這樣煉就能行滿三千，達到九年面壁，練成九轉金丹，到時候神鬼也都要哭，意思就是煉成金丹真人了。

不破戒，不犯淫，破戒眞如性即沉，

這句話就不是雙關語了，而是真實的勸導修煉者，不要沉溺在淫欲之中，以免造成修道不成。

犯淫壞失長生寶，得者須由道力人，

沉溺淫欲壞失長生寶，淫欲會使人難以產生陽生，等於是爐倒鼎傾，必須從頭來過，但是家庭之人該如何修道呢？只能有所節制，若想有所成就，切不可過度縱慾。

道力人，眞散漢，酒是良朋花是伴。

「道力人」應是呂祖自稱，在修道上努力的人，「真散漢」形容自己每日修道看起來像是不事生產，「酒是良朋花是伴」同樣是雙關語，其實是描述陰陽金木反復修煉過程，每日都在修道的程序上努力。

花街柳巷覓眞人，眞人只在花街玩。

要找真人要去哪裡找？真人只在花街上玩，同樣是雙關語，意思是整天都在修煉金花烏肝小藥。

摘花戴飲長生酒，景裡無爲道自昌。

「摘花」修煉金花烏肝木，「戴飲長生酒」修煉混沌兔髓金，小藥內景裡面不需要刻意去用後天意識干預，不需要玩弄後天技巧，只要順從無為，火候天然，道自然就能昌旺地進行演化。

一任群迷多笑怪，仙花仙酒是仙鄉。

不管那沉迷紅塵的群眾再怎麼嘲笑自己怪異的行為，烏肝木的仙花，兔髓金的仙酒，就是修煉成仙的途徑。

到此鄉，非常客，奼女嬰兒生喜樂。

能夠找到這「仙鄉」此修仙之路的人，不是普通人，「奼女」是真汞兔髓金，屬陰，「嬰兒」是「三家相見結嬰兒」，也就是大藥，經常能夠陰極生陽產生大藥，自然就心生喜樂。

洞中常採四時花，花花結就長生藥。

「洞中」就是玄關竅中，爐鼎，也就是從烏肝光開始出現之後的空間。「四時」就是春夏秋冬，意思是陰陽反復過程，「四時花」就是陰陽反復中的小藥。「花花結就長生藥」這些陰陽反復中的小藥結就陽生長生大藥。

長生藥，採花心，花蕋層層艷麗春。

「蕋」是「蕊」的異體字。長生大藥是透過烏肝木和兔髓金陰陽交替產生的，烏肝木又稱為金花，兔髓金在本文稱為酒，花蕊有雄雌之分，就跟產生長生大藥的金木小藥一樣，有陰陽之分，故稱為「採花心」，也就是花蕊。

時人不達花中理，一訣天機值萬金。

「時人」當時的人，別說當時的人，現在的人也不知道啊！能煉出來的有幾個？能搞得清楚金木陰陽反復的有幾個？這一個訣竅天機值萬金，這個筆者很感慨，可能筆者沒有收萬金學費吧，到處免費教人，因為擋人財路，還經常被網路罷凌，出了《無為丹道》一書之後，這種情況才略有改善，哪來的值萬金呢？這「值」萬金恐怕講的是「省」萬金，省下被旁門左道修煉法所誤導，費盡一生心力財力，卻還無所成就，變成了追著大師跑的信徒了。

謝天地，感虛空，得遇仙師是祖宗。

如果有機緣遇到仙師並得到了訣竅，能夠感悟虛空的話，要謝天地，要把點化自己的仙師當成祖宗一樣，感謝仙師給了自己一條長生之路。這段的仙師本書不解釋為正陽祖師，主要原因是因為所謂的《鍾呂傳道集》的內容和呂祖詩全然不同，非呂祖正傳，而且經過許多專家研究，正陽祖師鍾離權為虛擬創造出來的人物可能性非常高，因此這裡就不將仙師解釋為正陽祖師了。基本上筆者是把這裡認為是呂祖在向眾人喊話的文章，仙師指的是他自己。

附耳低言玄妙旨，提上蓬萊第一峰。

呂祖請有緣分的人過來，要跟他結一個修道的緣，我們從呂祖的其他詩就能知道，呂祖對於傳道一直都是非常熱心的。玄妙旨第一個要說的是甚麼呢？就是「提上蓬萊第一峰」，這是甚麼呢？就要往下看了。

第一峰，是仙物，惟產金花生恍惚。

第一峰是仙物，是甚麼仙物呢？後一句就把答案說出來了，這個仙物能夠產金花，也就是烏肝木，烏肝木能夠產生恍惚，也就是兔髓金。所以這句話解了兩個大謎語，第一個第一峰仙物就是水火，因為水火能夠產木，而且水火相交，水就是氣，氣是往上走的，所以稱為「提上蓬萊第一峰」。第二個謎語就是金花是甚麼？金花能夠生恍惚，很明顯就是木，前面也多次提到花和酒的對應關係，花就是烏肝木屬陽，酒就是兔髓金屬陰。

所以這邊各位要注意，千萬不要認為金花是金丹，《太乙金華宗旨》是乩童托名呂祖寫出來的，並非是呂祖所寫，所以裡面的整個修道程序完全不同，各位要小心，不要把《太乙金華宗旨》當作是呂祖所寫。

口口相傳不記文，須得靈根堅髓骨。

雖然呂祖說實修的東西口口相傳不記文，但是他寫了一大堆詩還是把過程寫得很清楚，但是很顯然的，沒啥人看得懂，否則今天也輪不到筆者來寫這本書了。筆者自己在教學的過程中，很明顯地發現，只聽不煉的，根本抓不到重點，必須要煉，而且還要寫日記，然後有人指點細節，這樣才能抓到重點。筆者認為這就是所謂的「口口相傳」，也就是真的要學會，還是要有人指點才行。如果只靠自己一個人，那能練成的人真的太少了，不能說沒有，筆者就自己走出一條路出來了，但也是歷盡千辛萬苦，損之又損，堅持到底，好不容易才走出來。

「靈根」是煉己性功的能力，有些人天生就有內在覺知能力，這樣的人煉起來就非常好煉；有些人就回不了頭，性功完全抓不到重點，心思一門向外，完全搞不清楚甚麼是向內覺知，甚麼是清淨意土，這樣就是沒有靈根，就會非常難煉。

「堅髓骨」自然就是命功的底子好，身體比較好，骨髓比較堅固。身體太差的，例如常見的是年輕時候都不煉，已經老到七老八十了，整天閒閒無所事事，想到大限將至，趕緊來修道，可惜此時已經骨髓不堅，難煉。雖說難煉，但是只要肯煉，總比繼續虛耗光陰完全不煉好，但是到了七老八十，就要有心理準備，煉起來進步很慢。像年輕人可能煉個幾天，或者像筆者年輕時，煉個幾分鐘，烏肝木就出現了，但是年老者可能煉個好幾年，才能煉出烏肝木都有可能，這時候就要看毅力了。

如果性功命功底子都好，有悟性身體好又年輕，就看堅持的毅力夠不夠了，年輕人大多數的問題就是堅持力差，堅持不了多久，就被生活中種種事情拉走注意力了，反倒是年紀大的人比較有堅持力，如果能學習龜兔賽跑的毅力，長久下來，也未必不能煉成。

堅髓骨，煉靈根，片片桃花洞裡春。

性命雙修，水火相交之後，自然「片片桃花洞裡春」，產生烏肝木小藥，也就是金花，在這裡呂祖稱為「桃花」，都是木的代稱，「洞裡」就是玄關竅，「春」就是木，主生發。

七七白虎雙雙養，八八青龍總一斤。

《黃帝內經》：「此雖有子，男不過盡八八，女不過盡七七，而天地之精氣皆竭矣。」青龍為陽，八八陽盡，陽極生陰；白虎為陰，七七陰盡，陰極生陽。

眞父母，送元宮，木母金公性本溫。

「真父母」為真陰陽，「送元宮」都在玄關竅作用。木為陽，但來自於水，水為陰，故稱木母；金為陰，來自於火，火為陽，故稱金公。水火階段用的是武火，到了木階段用的是文火，到了金階段用的是止火，只剩下溫養了，故稱「性本溫」。各位要注意的是，有時候金公是鉛的異體字，所以還是要看上下文，這裡的金公不是鉛的異體字，要注意一下。來自於母（坎水，陰）的木，來自於公（離火，陽）的金，性本溫，都不是武火狀態。《悟真篇》裡面的金公幾乎都是指鉛，這一點各位要注意一下，金公指鉛，奼女指汞。《悟真篇》當中的金公幾乎都跟奼女一起出現，很明顯就看出是鉛，這裡也不排除可能是遭到搬運法的竄改，不過木來自母，金來自公，還是說得通，故提供一個可能性，給各位讀者參考，畢竟呂祖詩被竄改的層面太大了，三本以呂祖為名的偽丹經，《太乙金華宗旨》、《鍾呂傳道集》、《靈寶畢法》，幾乎把呂祖整個修道思想精神給大幅度扭曲了，我們也不能排除呂祖詩也有被竄改的可能。

十二宮中蟾魄現，時時地魄降天魂。

諸多考古文件已經證明，「十二宮」是唐朝之前就傳入的西洋黃道十二宮，也就是星座。這裡應該是泛指天空，意指玄關竅之中，蟾光月魄出現，蟾光就是烏肝光，月魄就是兔髓光。地魄就是兔髓，天魂就是烏肝，經常在陰陽反復的修煉當中，都能出現烏肝木和兔髓金之光，也就是魂魄之光。

鉛出就，汞初生，玉爐金鼎未經烹。

在鉛汞剛出現的時候，鉛所在的玄關竅稱為玉爐，汞所在的玄關竅稱為金鼎，都還沒有經過烹煮。鉛就是烏肝木，木色青，玉也色青，故各位知道，講到玉，就是指木，所以玉爐就是烏肝木所在的玄關竅。同樣的兔髓金所在的玄關竅就稱為金鼎，其實兩者都是玄關竅，只是陰陽不同而已。

一夫一婦同天地，一男一女合乾坤。

丹道修煉還需要陰陽交替才能成，原理跟男女夫婦一樣，都要陰陽才能成。

庚要生，甲要生，生甲生庚道始萌。

關於這個部分參考本書前文解釋：「要了解丹經當中『土』的概念，就要從天干和五行的觀念上去看。天干是甲乙丙丁戊己庚辛壬癸。甲乙對應木，甲是陽木，乙是陰木；丙丁對應火，丙是陽火，丁是陰火；戊己對應土，戊是陽土，己是陰土；庚辛對應金，庚是陽金，辛是陰金；壬癸對應水，壬是陽水，癸是陰水。」因此庚就是陽金，甲就是陽木，講的還是一樣是金和木，金木反復地陰陽交替，要產生金木反復的現象，道才開始萌芽。這句話非常重要，強調金木反復才算是入了修道的門，換言之，只有煉氣是不算入了道門的。

拔取天根並地髓，白雪黃芽自長成。

「天根」就是前面提到的靈根，性功；「地髓」就是前面提到的堅髓骨，命功，性命雙修才能成就黃芽白雪，黃芽白雪都是即將產生第三階段陽生的跡象。

經過無數次的陰陽反復之後，陽生的現象會慢慢進化，從一開始的第一階段陽生，只有產生氣感和小藥，慢慢進化成第二階段陽生，開始結胎，也就是玄珠，繼續進化下去，就會開始出現跟二階段陽生截然不同的內景，黃芽白雪就是這個時候的內景，顯示已經快要進入三階段陽生，達到純陽的狀態。

鉛亦生，汞亦生，生汞生鉛一處烹。

「鉛」是烏肝木，「汞」是兔髓金，不管是鉛或汞，都是在玄關竅裡面烹煉，同樣都是玄關竅，只是陰陽不同而已，陽的玄關竅稱為玉爐，陰的玄關竅稱為金鼎。

烹煉不是精和液，天地乾坤日月精。

在玄關竅裡面所烹煉的，不是身體的精或者身體的各種液體，而是「天地乾坤日月精」，也就是金木小藥。這句話非常清楚地說明了，修煉腎精並非是玄關竅所烹煉的，換言之，腎精是不會出現在玄關竅的，而現在流行的說法是把下腹部當成玄關竅，認為在玄關竅烹煉的腎精就是小藥，目前流行的說法和呂祖的說法是完全不同的，這一點各位讀者要非常注意，呂祖所傳的丹道是真正的丹道，和現在流行的搬運法有非常大的差異，可以這樣說，搬運法採用了呂祖的名詞，卻扭曲了呂祖詩的內涵，像這句話就非常明顯打臉了搬運法的定義，明確說清楚爐鼎內烹煉的不是精和液。

黃婆匹配得團圓，時刻無差口付傳。

「黃婆」就是土，「匹配」上面談到的日月精，也就是鉛汞，金木，陰陽，烏肝兔髓。「時刻無差」，在金木土三家相見得團圓，陽生的剎那，必須時刻無差，否則時機一下子過了，出現大藥的機會就沒了。而這個時機到底是怎麼回事，必須是有過來人的真師一對一傳授才有辦法清楚。

八卦三元全藉汞，五行四象豈離鉛。

這兩句話要放在一起看，八卦三元五行四象全借鉛汞，八卦就是乾坤坎離震巽艮兌，三元是天地人，五行是木火土金水，四象是東西南北，這四種術語都是丹道當中經常被引用的名詞，這些名詞的引用，都離不開鉛汞。

鉛生汞，汞生鉛，奪得乾坤造化權。

鉛就是烏肝木，烏肝木在陽的狀態下運作，出現如同北極光一樣的光，運轉之後，慢慢進入恍惚，進入汞的狀態，也就是兔髓金的狀態，原本的鉛光就不見了，不是不見了，而是慢慢轉化成汞，兔髓金，在汞，兔髓金的狀態下意識下沉，溫養之後，陰極生陽，屬於陰的汞又產生陽的鉛，陰陽交互運轉，互生，才能奪得乾坤陰陽造化金丹的權力。

杳杳冥冥生恍惚，恍恍惚惚結成團。

「杳杳冥冥」是鉛的文火，意識放鬆的文火狀態，「生恍惚」是汞的止火，意識下沉的止火狀態，文火狀態的鉛，煉到後來產生止火狀態的汞，汞的狀態就是恍恍惚惚，「結成團」就是陰極生陽，陰到了極點，就生陽，產生玄珠結胎內景，結成一團各種形狀的精細紋路的光，有的像是六角形，有的像是圓形，有的像是正方形，也無數的小圓形，無數的正方形，也有像印章的，各式各樣的形狀，一整團從正中央冒出來。

性須空，意要專，莫遣猿猴取次攀。

性功的部分要空，就是意土清淨不受後天慾念汙染。意是注意力，這個部分是屬於火，所以各位要注意一下，這裡所謂的性是講意土，意講的是神火，意要專，不可走火，不要分心起雜念。「莫遣猿猴取次攀」不要差遣猿猴來起雜念攀緣心，攀緣心就是想到一件事情，捨不下，越想越多，不是真的有一隻猿猴，是指心如猿猴那樣不定，心猿意馬，雜念紛飛，這段主要是講戊土的修煉。

花露初開切忌觸，鎖居土釜勿抽添。

各位要知道呂祖提到花，就是烏肝木鉛，剛開始烏肝剛出現的時候，千萬不要去碰觸，不要想要用後天意念去作用，例如有的人就把這種光當成金丹，但是因為太散了，所以就用意念把這種光「聚集」成一團，號稱密法，其實這已經是嚴重扭曲了。第一，不是出現光就是金丹，第二，用後天意念去聚集成團，烏肝依舊是烏肝，不會變成金丹。呂祖這邊甚至還強調，烏肝剛出現的時候，千萬不要去用後天意念作用。「鎖居土釜」就是維持戊土的純淨，也就是不要有任何後天意念加入，不要「抽添」，不要加火也不要減火。

玉爐中，文火爍，十二時中惟守一。

「玉爐」就是烏肝狀態的玄關竅，「文火爍」，文火閃爍，呂祖這句話說得再清楚不過了，烏肝狀態就是文火，同樣的，兔髓狀態就是止火，水火狀態就是武火，這都是實修過程中再清楚不過了。「十二時中」十二個時辰，古代一個時辰是現代兩小時，所以一天是十二個時辰，所以「十二時中」就是一整天，其實不是真的講一整天，而是只要在烏肝狀態，就是文火，這個文火的狀態就是一直放著，讓烏肝自己發展，所以「十二時中」的意思是「一直」，意思是只要是烏肝狀態，就不要去干涉甚麼，就讓烏肝自行發展，不要想在這個階段加火去做些甚麼，很多人會想要在這個階段做些甚麼，並且號稱密法，就像前面所提到的，用注意力將比較散開的烏肝光，聚集成團，號稱用密法聚集成金丹。也有一種號稱用密法，將此聚集成團的光，搭配身體的氣感，繞行任督，號稱用金丹繞行小周天等等，各種後天用事作法，以為是在「運用金丹」，事實上這種後天用事的方法，只是阻礙烏肝小藥轉化成金丹大藥，加上魚目混珠，把烏肝當成金丹，把氣感無限上綱成超能力，諸如此類，不勝枚舉。

此時黃道會陰陽，三性元宮無漏泄。

上一句提到「玉爐」就是烏肝狀態的玄關竅，前面也提過「金鼎」就是兔髓狀態的玄關竅，這裡「黃道」就是陽生階段的玄關竅，陰陽會聚，陽極生陰，陰極又生陽，這個為陰極而產生的陽，就是陰陽相會之後的陽，這時候的玄關竅，就稱為「黃道」。這個時機就是陽的木，陰的金，金木陰陽反復之後的陽生，就稱為「三性」，包含金木，還有土，這個狀態的土，稱為陰土，己土，也就是煉己。所以各位要知道，只要是陽極生陰，陰極生陽，陽生狀態都是金木土三家相見，這裡的三性就是金木土三家。「元宮」就是元神出現的地方，「無洩漏」指的是大藥無洩漏，才能成就金丹。

當然一開始金丹還不成熟時，是以「玄珠」的形態出現，也就是各種幾何圖形的精細立體光，而非精細烏肝狀態的精細線條光，這一點還是要區分一下，筆者在教學過程中，發現有不少道友經常會把烏肝木的光，和玄珠的光混為一談，因為陽生狀態隨著狀況高低，有段時間會處於第一階段陽生和第二階段陽生兩者交替出現，第一階段陽生出現的是小藥或者氣感，第二階段陽生才開始出現玄珠，而第一階段跟第二階段陽生交替出現的階段，容易出現比較高階的烏肝小藥，上面經常有細緻的幾何圖形紋路，有些道友就誤認為是第二階段的玄珠，所以在這邊特地做一個釐清。

氣若行，眞火煉，莫使玄珠離寶殿。

上一句已經提到陽生出現大藥，產生玄珠了，所以各位要注意，這一句裡面的氣，並不是水火階段的氣，而是陽生階段小藥初起尚未轉變成大藥的剎那，這個時機要把握在短短的時間之內，提起覺知，故說「真火煉」，這裡的「真火」就是陽生剎那提起覺知這個部分，把握這個時機，才能產生玄珠。

加添火候切防危，初九潛龍不可煉。

這裡的「加添火候」同樣指的是陽生剎那提起覺知，這個提起覺知的動作就是加添火候，「切防危」防甚麼危險呢？防止沒有把握這個時機，提起覺知，就喪失一次小藥轉大藥的機會了。「初九潛龍」為什麼說不可煉呢？因為剛開始出現的陽生，只能產生氣感或者小藥，還沒辦法轉變成大藥，不管怎麼提起覺知，就是轉不過去，這是陰陽轉換還不夠，陽生只有第一階段的狀態，必須要達到第二階段的狀態才能夠小藥轉變成大藥玄珠。

那你可能會有一個問題，要怎麼樣才能知道當時的陽生是第一階段還是第二階段呢？其實不用去分辨到底是哪個階段，只要是陽生，就是直接提起覺知就對了，因為時間很短，也沒時間讓你去分辨，而且你一旦起了分辨心，想要再來提起覺知，你就慢了，因為分辨心一出現，後天意念加入，機會就沒了。你頂多只能事後再來回憶分析，大致上可以區分得出來，陽生第二階段升起覺知的剎那比第一階段清明許多，玄關竅的清明程度是有明顯差別的。

消息火，刀圭變，大地黃芽都長遍。

這三句講了三種不同的陽生，第一句是玄珠狀態的陽生，內景如同精密幾何圖；第二句是烏肝小藥狀態的陽生，內景跟烏肝小藥的極光相同，又或只是比較強的氣感而已；第三句是一種特殊的陽生，「大地黃芽都長遍」，這個內景沒練過的人，恐怕是解釋不出來的，這種內景也是陽生，通常是一整片黃光，從中心向四周無限蔓延開來，所以說是「大地黃芽都長遍」。筆者看了其他的註解，尚未看到有人煉到這個地方來，因此將自身的實修經驗分享出來，這種黃芽光為什麼稱為黃芽光？是因為這是一種轉變的契機，原本的第一階段陽生要提升進化成第二階段陽生，就會出現這樣的黃芽光，所以前面兩句才會說「消息火，刀圭變」，上一句說過第一階段陽生和第二階段陽生的清明程度不同，所以這個清明程度的轉變，提起覺知剎那內在清明程度的差別，就是「消息火」，從只能產生刀圭小藥的狀態，變成可以將刀圭小藥轉變成大藥玄珠的狀態，就是「消息火」，這個階段的真火就稱為「消息火」。刀圭就是小藥的代稱。

所以呂祖這三句話講了三個階段的陽生，若非筆者親身體驗，任憑看再多丹經也無濟於事，不可能用推理來了解的，這就是實修的奧祕，若非真實體驗，如何能知呢？

五行數內一陽生，二十四氣排珠宴。

丹道的五行是水火戊土生金木，金木己土生金丹，而一陽生就是在金木土陰陽反復之後產生的，「五行數內」就是五行俱全，完整走一趟，就產生一陽生。「二十四氣」就是二十四節氣，依據的是北斗七星斗柄旋轉指向所制定的，從立春開始，到大寒結束，所以說是北斗七星像是一排珠子，而二十四節氣則是北斗七星這排珠子完整轉一圈所造成的宴會，說的也是完整的陰陽走一趟的概念。

火數足，藥方成，便有龍吟虎嘯聲。

上一段強調陰陽完整走一趟，這段就接著說這樣才能「火數足」，火候才能足夠，也就是「煉透」的概念，煉透了，「藥方成」，這裡的藥指的是小藥，因為後面講的是「便有龍吟虎嘯聲」，意思是小藥開始出現運作了。只要陰陽走一遍，確實煉透，小藥就能自然產生，不用甚麼特殊的技巧密法。

三鉛只得一鉛就，金果仙芽未現形。

這裡講的三鉛指的是三種陽生的藥物，第一種是陽生第一階段，只能產生氣感或小藥；第二種是陽生第二階段，可以產生短暫性的大藥，此階段時機非常重要，稍一沒把握好，機會稍縱即逝；第三種是陽生第三階段，可以產生金丹的大藥，開始進入金丹演化程序，到這裡兔髓的陰已經變得非常短暫，甚至幾乎不見了，開始進入純陽狀態。但是這裡後面講了「只得一鉛就」，有三種藥物，你如果只煉了第一種而已，那就是只有小藥，「金果仙芽未現形」，若只有小藥哪來的「金果仙芽」呢？大藥是從第二階段陽生開始，也就是第二鉛才開始，一鉛是沒有大藥的。

這陽生的三個階段，對一個把整個陽生階段都煉透的人來說，是非常明顯的三個階段，但是若非筆者把三個階段煉透，恐怕也難以理解甚麼是所謂的「三鉛」。

再安爐，重立鼎，跨虎乘龍離凡境。

如果只有煉到第一階段陽生，只能產生氣感或小藥，那就得重新安爐立鼎，從金木小藥繼續重新煉起，重複一遍陰陽，這樣才有機會可以「跨虎乘龍離凡境」，龍就是烏肝木小藥，虎就是兔髓金小藥，重新再陰陽反復煉金木小藥一次又一次，才有機會可以脫離凡人的境地，進入仙人大藥的境界。對呂祖來說，開始產生大藥，就已經是拿到成仙的門票了，所以呂祖詩當中會不斷地強調要把握第二階段陽生的大藥機會，也強調若還在第一階段的陽生小藥階段，那就繼續重來一次，再煉一次，一次又一次，陰陽反復，就有機會可以產生大藥。

日精才現月華凝，二八相交在壬丙。

烏肝木屬陽故稱「日精」，兔髓陰屬陰故稱「月華」，天干是甲乙丙丁戊己庚辛壬癸，所以第二是乙，第八是辛，甲乙對應木，丙丁對應火，戊己對應土，庚辛對應金，壬癸對應水，故乙辛是木金，「壬丙」是水火，講的是剛開始道初成的狀態，水火相交剛開始產生金木，所以說是日精「才現」。

龍汞結，虎鉛成，咫尺蓬萊第一程。

龍是木，汞是金，虎是金，鉛是木，所以「龍汞」等於「虎鉛」，講的都是金木剛開始結成，雖然只有咫尺，卻是蓬萊成仙的第一段路程。也就是從水火開始結成金木小藥是成仙的第一步。

坤鉛乾汞金丹祖，龍鉛虎汞最通靈。

鉛應該是陽，但是這裡卻說「坤鉛」，所以這裡並非單純說的是鉛，而是鉛的來源，坎水，坎才是陰的，坤。同理，汞應該是陰，但是這裡卻說是「乾汞」，所以這裡的汞不是真汞兔髓金，而是指離火。坎水和離火相交產生金木，金木相交再產生金丹，所以說坎水和離火是「金丹祖」，相隔了金木一代。

龍就是烏肝木，真鉛也是烏肝木，「龍鉛」確定就是烏肝木，不像上一句坤鉛是坎水。同理，虎是兔髓金，真汞也是兔髓金，「虎汞」就是兔髓金，烏肝兔髓最通靈，煉金丹就是靠烏兔小藥煉的。

達此理，道方成，三萬神龍護水晶。

能搞懂這個五行陰陽反復的道理，才有辦法修道成功，「三萬」並非像三千代表九年面壁，八百代表三年哺乳，三萬應是非常多，無數的，「神龍」就是烏肝木，「水晶」也是烏肝木，懂這個陰陽交替的道理，就能產生無數多的小藥來修煉金丹大道，不需要搞一堆密法，吐納，呼吸，導引，只要知道五行陰陽反復之道即可，就如《易經》：「一陰一陽之謂道」，但是在實修上， 如何才是陰陽呢？就很少人能夠認知到水火生金木，金木生金丹的金木反復之道了。

守時定日明符刻，專心惟在意虔誠。

許多修行者遵守時辰修煉，訂下修煉的日期，研究如符刻般的古文奧祕，想要有所成就，其實想要修道有成的秘訣，就在於「意虔誠」，也就是入藥鏡所提的「窮戊土」，也是呂祖提到的「煉己」。

黑鉛過，採清眞，一陣交鋒定太平。

經過小藥的一陣陰陽交鋒之後，產生太平陽生，不要浪費這個時機，提起覺知採取清淨真正大藥。

三車搬運珍珠寶，送歸寶藏自通靈。

像《法華經》當中三車度人，丹道也是一樣，搬運珍珠寶小藥，將小藥送歸爐鼎，陰陽交鋒修煉，產生大藥陽生，自然能通靈生金丹真人。

天神佑，地祇迎，混合乾坤日月精。

混合乾坤陰陽日月精之後，產生了能結金丹的大藥陽生，等於拿到了成仙的門票，因此「天神佑，地祇迎」。日月精就是烏兔小藥。

虎嘯一聲龍出窟，鸞飛鳳舞入金城。

「虎嘯」代表兔髓金小藥作用，「龍出窟」代表烏肝木小藥作用，兩者陰陽交替之後，產生金丹大藥，「鸞飛鳳舞入金城」。

硃砂配，水銀停，一派紅霞列太清。

「硃砂」代表火，「水銀」代表真汞，真汞就是兔髓金，火生金，「紅霞」是烏肝小藥出現的內景，雖然這裡說的是火生金，火色紅，故用「一派紅霞列太清」來代表煉成小藥的成就。硃砂火配的是甚麼？是水，水銀真汞為什麼停？是因為兔髓金是一種意識下沉停滯的狀態。

鉛池迸出金光現，汞火流珠入帝京。

真鉛是烏肝木，池是水，「鉛池」是水生木。這裡的「金光」有兩種可能，一種是代表兔髓金的金，一種是代表金丹的金，兩種都說得通。如果是第一種，代表烏肝木的鉛池生出兔髓金，如果是第二種，烏肝木跟兔髓金交互作用之後，陽生產生金丹。「汞火流珠」，火生真汞兔髓金，流珠也是汞，和烏肝木陰陽反復之後，產生金丹大藥，「入帝京」就是到達層次最高的地方。

龍虎媾，外持盈，走聖飛靈在寶瓶。

這裡講的「外持盈」牽涉到一個極大的奧祕，「龍虎交媾」就是金木陰陽交替，直到陽生七返九還，在這個陰陽交替的過程中，有一個特殊的現象，就是龍的階段，也就是烏肝木的階段，屬陽，這個階段的陽，進入到兔髓金的陰，一個初學者的兔髓金就像是一個無底洞，所有木的陽進入金的陰之後，彷彿無消無息，都被消化掉了，好像再多的木都不夠金的消化。

直到有一天，這個兔髓金的陰，越來越淡，陰越來越少，昏沉越來越少，醒覺越來越強，也就是《參同契》的「昏久則昭明」，有一天兔髓金的陰幾乎被消化光了，烏肝木的陽滿了出來，兔髓金的陰本來可能要花上好幾個小時才能化解完成，產生陽生，結果堅持之下，兔髓金的陰，時間越來越短，直到某一天，突然間一晃，一秒鐘，一個短暫的恍惚，就這樣把兔髓金的陰帶過了，直接烏肝木的陽，跳轉至大藥陽生，幾乎沒有兔髓金的陰了，這時候，就稱為「外持盈」。這個奧祕是只有把兔髓陰從非常重的陰，煉到幾乎沒有陰的人，才有辦法經歷到的，因為這個現象的產生，就代表著「純陽」的出現，大藥不再是需要把握那短短的幾秒鐘，跟打雷一樣的幾秒鐘而已，不再如此，大藥直接跳過兔髓陰，直接從小藥轉變成大藥，變成兔髓陰只剩下一秒鐘，大藥變成時間很長，可以持續好幾分鐘，不再像原來只有一到五秒鐘的時間而已。

這個時候的大藥，就開始凝結大型圓月，神奇的霜飛也會出現，更重要的是，金丹也會開始出現，真人當然也會在後期開始出現。

一時辰內金丹就，上朝金闕紫雲生。

所以這段就講，「一個時辰內金丹就，上朝金闕紫雲生」，因為上一句的重點「外持盈」，這是一個非常大的奧祕，筆者在近代尚未看到有任何人煉到此處，也未有任何人能理解這個重大的奧祕。這裡講的「紫雲」，不是紫色的，最初的金丹真人不是紫色的，而是「紫金」，紫金不是紫色，而是如同類似紅銅的光澤，而「紫雲」的雲更是重大奧祕，筆者在這邊把整個底都掀開來了，也不保留了，日後若有能煉到這裡的道友，自然可做驗證。紫雲就是產生真人的雲，真人是從雲當中浮現出來的，這個雲就是紫金雲。類似紅銅又類似火焰的光澤。

是誰說丹經都是「隱喻」，都寫得這麼白了，就等著煉到的人來看懂了，練成金丹有太多相關的現象了，這是煉氣者所不可能了解的，只好說丹經是「隱喻」，真是非常地遺憾，呂祖都寫得這麼白了，怎麼會是隱喻呢？

仙桃熟，摘取餌，萬化來朝天地喜。

「仙桃」意指金丹，金丹最早是玄珠狀態，在十月懷胎就開始出現了，也就是一個有天賦煉對的人，經過百日築基，三個月過去，再經過十月懷胎，一整年過去，就開始產生金丹的最初形態，也就是玄珠，所以玄珠是未成熟的金丹。金丹不是一開始就是成熟狀態的，這一點大家要注意，千萬不要把烏肝當成金丹，也不要把散開的烏肝，用注意力聚集成一小團，認為那就是金丹，那可是犯了極大的錯，歷史上犯這種錯的大師，不在少數，鼎鼎大名的大師，也犯了同樣的錯。

金丹成熟之後，「摘取餌」，就能成就真人，「萬化」就是成就真人千變萬化。

齋戒等候一陽生，便進周天參同理。

現在又回到最初的修煉了，初學者要下手的時候，要齋戒，從水火階段煉起，等候一陽生的出現，一陽生是丹道修煉進步的根基，只有搞懂陰陽反復交替的原理，才能把握一陽生的時機，所以這個陰陽反復交替就是「周天」，就是《周易參同契》裡面提到的最重要的原則——陰陽反復，這個陰陽反復就是周天，並不是說在任督二脈繞行氣感叫做周天，所有的呂祖詩強調的都是陰陽反復周天，從來沒有強調任督二脈的這種氣功文化的周天。各位讀者務必要搞清楚，丹道修煉和氣功文化差異極大，雖然氣功文化使用了許多丹道名詞，但是其涵義與真正的丹道卻是截然不同的，各位讀者千萬不可混為一談。

這裡講的周天就是烏兔小藥陰陽交替，直到產生陽生的這種周天模式，請各位讀者務必區別清楚。

參同理，煉金丹，水火薰蒸透問關。

使用《周易參同契》的陰陽反復交替的周天之理，來修煉金丹，一開始就是「水火薰蒸」，這個部分就是煉氣了，各位要知道，水火階段就是所謂的煉氣階段，因此這裡使用「薰蒸」這樣的字眼，水火煉氣階段類似煮開水，水開了，就開始薰蒸，修煉者剛開始會覺得全身發熱，冒汗，這是剛開始的「水火燻蒸」的狀態。「透問關」，水火階段煉透了，才能「問關」，問有沒有打開玄關，所以這裡很明確地透露一個訊息，水火階段是沒有打開玄關的。各位常見到氣功文化或者搬運法會說煉氣打開玄關，認為腹部氣感空間就是玄關，各位要知道，這完全不是丹道的定義，只要是水火階段，氣功階段，都沒有打開玄關，玄關的開啟是從烏肝木出現才開始打開，水火階段是沒有的，水火階段只能「問關」，就是水火煉「透」之後，才能開始要往烏肝木的層次上去的。

養胎十月神丹結，男子懷胎豈等閑。

水火階段煉透之後，產生烏肝木如同北極光一樣的光，這時候就是打開玄關，也就是百日築基成功。打開玄關之後，烏肝木和兔髓金陰陽交替，周天反復，持續十個月之後，就能夠產生第二階段的陽生，也就是短暫性的大藥開始出現，這就是「養胎十月神丹結」，「養胎」怎麼養呢？每次的金木陰陽反復產生陽生，這整個程序就是養胎，不斷地陰陽反復產生陽生，直到有一天，陽生小藥轉變成陽生大藥，短暫性的大藥，也就是第二階段陽生，這樣「神丹」玄珠就開始出現了。

「男子懷胎豈等閑」等閒就是不輕易，男子懷胎豈是輕易的事情呢？確實很不容易，光是一個陰陽金木反復，就打敗了多少人。

內丹成，外丹就，內外相接和諧偶。

各位看到「內外」就要想到「彼我」，彼就是水和木，我就是火和金，而結丹是從木和金開始，因此各位知道，「內丹」就是兔髓金的光，「外丹」就是烏肝木的光，兔髓金的「內丹」光比較難煉，屬於「三年哺乳」的範圍，不像烏肝木的「外丹」光比較好煉，「百日築基」就能練成了。如果煉到內丹也成就了，那離金丹的產生也不遠了。

結成一塊紫金丸，變化飛騰天地久。

上一句講「內丹」成就，當然內丹成就之前，外丹早就成就了，因此內丹成就之後，金丹就不遠了，故說「結成一塊紫金丸」，紫金丸就是金丹，內丹成，金丹就很快能夠成就，金丹成就之後，出現真人就能「變化飛騰天地久」。

丹入腹，非尋常，陰行剝盡化純陽。

這裡講的「丹入腹」和搬運法講的丹入腹完全是兩回事，搬運法講的丹入腹是屬於水火階段，使用武火把注意力放在腹部，令其產生腹部內的氣動，並將這種氣動稱呼為丹，但是我們知道丹的定義是從烏肝木開始，也就是從開始出現北極光一樣的光開始，在水火階段的氣動，不能稱為丹，即使這個氣動在腹部，照樣也不能稱為丹，因為丹的定義不是如此。

呂祖定義的「丹」，從烏肝木的外丹，兔髓金的內丹，然後到金丹，只有金丹才會產生從腹部往頭上升起的特殊氣感，這種氣感如同眼鏡蛇上升一般，以一種獨特的速度，從腹部盤旋而上，並在頭部打開真正的金丹真人內景，這和水火階段使用後天意念，專注於呼吸，導致產生腹部氣動，那完全不是一回事，簡直是天差地遠，而搬運法就用這樣的方式魚目混珠，或許我們不應該說他們魚目混珠，雖然魚目混珠是事實，應該說搬運法是因程度不足而產生的誤解，因為丹道的內容，實在不是一個只有水火階段的煉氣者可以理解的。

所以這裡的「丹入腹」，恐怕當代除了筆者之外，很難找出另外一個人可以說得清楚了，因為這裡的丹入腹講的是一種特殊的大藥產生的狀態，這種狀態屬於第三階段陽生，而不是第二階段陽生，也就是這個階段的陽生是沒有經過兔髓金的，直接從小藥轉換成大藥，所以說「非尋常」，因為這時候已經「陰行剝盡化純陽」，筆者在2011年經歷這樣的狀況時，也是非常訝異，煉了這麼多年的陰陽轉換，突然有一天，兔髓陰竟然縮短到只剩下一秒鐘，幾乎就是一個打瞌睡的感覺，晃一下，兔髓陰就過了，然後大藥就從腹部開始往上盤旋，開始在眼前打開巨大的超級圓月，這個體驗，筆者找了近代的資料，幾乎是處於一種找不到任何人能達到的狀態了，在此分享給各位讀者，希望能有讀者能如我一樣，在修煉多年之後，產生重大突破。

飛升羽化三清客，名遂功成達上蒼。

這段講的就是成就真人，真人剛開始的模樣就是「飛升」的模樣，並不是真的有真人飛出去了，有不少搬運法練習者將入陰當中的煉己不清淨所產生的幻境，稱為「出陽神」或者「飛升」，這是不對的，因為煉己不清淨，慾念過重，導致濁氣卡在頭部，因此產生大量的漂浮飛行白日夢，這是幻境的一種，並不是「出陽神」，也不是「飛升」，各位千萬不要把狸貓當太子，把這種因為煉己不清淨導致的「走火入魔」現象，當成大師出神啊！

三清客，駕璚轝，跨風騰霄入太虛。

「三清客」就是煉出來的真人，「璚」就是瓊，「轝」同輿，用手抬的車，真人駕著車「跨風騰霄入太虛」，筆者金丹真人的階段只有一點點，雖然實際上沒遇到過，但是因為程度不夠，不敢說沒有，只能持保留態度。

似此逍遙多快樂，遨遊三界最清奇。

像這樣能夠煉到究竟是多麼逍遙快樂，能在禪定的三界境界當中遨遊，最是清奇。

太虛之上修眞士，朗朗圓成一物無。

煉到太虛程度之上的實修者，玄關竅煉到朗朗圓成一物無，非常地清朗，無一絲陰氣。

一物無，遂顯道，五方透出眞人貌。

只有煉到毫無一絲陰氣，至道才能顯現，金丹真人才能出現在五方之中，「五方」就是東西南北中，指的就是玄關竅這個天地之內。

仙童仙女彩雲迎，五明宮內傳眞誥。

仙童仙女從彩雲之中出現相迎，玄關竅大放光明，傳遞真正的誥命，讓修真者知道已經成仙。

傳眞誥，話幽情，只是眞鉛煉汞精。

讓修真者知道這個修煉丹道的奧祕，確實只是真鉛煉真汞而已。

聲聞緣覺冰消散，外道修羅縮項驚。

那些聲聞緣覺的佛教徒聽到丹道這麼煉的之後，像冰一樣地消散無蹤，根本就不相信這樣能煉成，外道修羅聽到之後也縮著脖子，不相信這樣就能煉成神佛。不要說佛教徒不相信，就連號稱丹道的氣功文化搬運法也不相信這樣煉就能成仙，但是呂祖不欺我，確實這樣煉就能成就真人金丹，筆者雖然只有經歷一點點陽生第三階段還沒煉透，但是已經親身經歷了這整個陰陽交替的過程確實是能夠成就的正道。

點枯骨，立成形，信道天梯似掌平。
九祖先靈得超脫，誰羨繁華貴與榮。

這兩句要一起看，「枯骨」代表「九祖先靈」，「立成形」代表「得超脫」，能夠相信這條陰陽交替的丹道之路，天梯就會變得像手掌一樣的平，修道的路再怎麼艱難，只要掌握陰陽就能夠成功。只是天梯似乎被某些道教團體引申為一種儀式，還要腳踩刀梯之類的，這個就和呂祖的真義差距太遠了，並不是說能夠腳踩刀梯就能夠超脫先靈，而是說相信陰陽，修道之路即使像天梯一樣遙遠也會變成根手掌一樣平坦。重點是陰陽，而不是把刀梯當成天梯。

尋烈士，覓賢才，同安爐鼎化凡胎。
若是慳財並惜寶，千萬神仙不肯來。

尋覓有毅力有決心的烈士，有天賦有能力的賢才，來一起安爐立鼎修練凡胎為仙胎。如果遇到吝嗇又追逐金錢的人，就捨棄他，這種人就算有成千上萬的神仙也不會想要來度他。

修眞士，不妄説，妄説一句天公折。
萬劫塵沙道不成，七竅眼睛皆迸血。

實修者不會亂講，不說妄語，如果胡說八道，天公就折損他的壽命，而且還遭受許多劫難，修道也不成功，七竅眼睛都出血。呂祖這裡真是發毒誓了，證明《敲爻歌》不是亂說的，這樣煉真的能夠成就仙人。

貧窮子，發誓切，待把凡流盡提接。
同赴蓬萊仙會中，凡景煎熬無了歇。

「貧窮子」是呂祖的自稱，實修者不搞怪力亂神，自然無法像大廟一樣吸引眾多信徒捐款求神拜佛。「發誓切」真切地發誓，要把如凡人之流都提接度化，一同修練成仙，凡人生活煎熬沒有了歇，不斷地重複。這邊呂祖可能受到《法華經》的影響，產生了凡人輪迴受苦的想法。其實人各有所求，能夠醒悟實修的，都是鳳毛麟角極少數的人，要度化所有的人修煉成仙，是不可能的事情。《老子道德經》早就說過了：「上士聞道，勤而行之；中士聞道，若存若亡；下士聞道，大笑之。不笑不足以為道。」呂祖這個思想和《道德經》就有很大的不同了。

塵世短，更思量，洞裡乾坤日月長。
堅志苦心三二載，百千萬劫壽彌疆。

人間塵世苦短，更要好好思量，玄關洞裡乾坤日月長，只要堅定志向，苦心修煉兩三年，就能得道，萬壽無疆。

達聖道，顯真常，虎兕刀兵更不傷。
水火蛟龍無損害，拍手天宮笑一場。

達到聖道，練成金丹，顯現真常，餓虎猛獸也無法傷害，水火蛟龍更無法損害，在天宮拍手笑人間一場。

這些功，眞奇妙，吩咐與人誰肯要。
愚徒死戀色和財，所以神仙不肯召。

這些奇妙的功德，有誰要呢？愚蠢的人貪戀色身與財物，所以就算是神仙也不肯回應這些人。

眞至道，不擇人，豈論高低富與貧。
且饒帝子共王孫，須去繁華銼鋭分。

真正的至道哪裡有用貧富身分貴賤高低來選擇人的，就算是帝子王孫，也要去掉繁華剉掉鋭氣才能分說至道。

瞋不除，態不改，墮入輪迴生死海。
堆金積玉滿山川，神仙冷笑應不睬。

瞋心不除，態度不改，墮入輪迴生死海，即使金山銀山滿山川，神仙也冷笑不理睬。

名非貴，道極尊，聖聖賢賢顯子孫。
腰金跨玉騎驕馬，瞥見如洞隙裡塵。

名利不是最珍貴的，聖賢相傳子孫的道，才是極顯貴的。就算是腰金跨玉騎驕馬，在時光中也如同洞隙中的灰塵，偶而被瞥見而已。

隙裡塵，石中火，何在留心爲久計。
苦苦煎熬喚不回，奪利爭名如鼎沸。

人生就如隙縫裡面的灰塵，打火石的火花，轉眼即逝，何必花費心思以為長久之計呢？世人在其中苦苦煎熬，儘管呂祖再怎麼聲聲呼喚，也喚不回如鼎沸般的追名逐利之心。

如鼎沸，永沉淪，失道迷眞業所根。
有人平卻心頭棘，便把天機說與君。

追逐名利的心如鍋中沸騰的水，非常熱烈，這樣的人根本沒辦法跟他講修行的重要，只能永遠在慾海沉淪，這種迷戀俗世，失道之人就是天生業力所造成的，沒辦法溝通的，也就是老子所說的下士之人，佛陀所說的愚痴之人，都是無法勉強的。

但是如果你能夠做到打破卡在心頭如荊棘般的業力，發大願自我挑戰，便把天機說給你聽。

命要傳，性要悟，入聖超凡由汝做。
三清路上少人行，畜類門前爭入去。

把天機說給你聽，命功要傳給你，性功也要鼓勵你悟，入聖超凡由你來做。

只是感嘆這樣的人太少了，肯面對內心，自我挑戰的人太少，大多數的人還是爭搶著追逐名利，往畜生道的門前而去。

報賢良，休慕顧，性命機關堪守護。

若還缺一不芳菲，執著波渣應失路。

把這個修丹大道報給賢良的人聽，勸告不要貪念愛情，性命機關更值得守護。

性與命缺一不可，若缺一就煉不成了，「波渣」同「波查」，青島俗話，意思是苦難，坎坷。若執著坎坷人生道路就失去修道之路了。

只修性，不修命，此是修行第一病。

只修祖性不修丹，萬劫陰靈難入聖。

「只修性，不修命」，意思就是指那些學佛者，只談心性修持，不做命功修行，這就是修行的第一個大問題。「萬劫」，極長的時間，永久。只修祖性，就是本性，卻不修丹道，永遠也無法把陰靈修成仙佛。

達命宗，迷祖性，恰似鑒容無寶鏡。

壽同天地一愚夫，權握家財無主柄。

這段和上一段正好相反，這段批評修命不修性的人，好像要照鏡子整理衣冠，卻沒有鏡子可以照，壽命很長，卻只是一個愚蠢的人，空有家產卻沒有權力可以運用。

以上四句當中，前兩句很常見，常常看見搬運法批評學佛的修性不修命。後兩句就少見了，因為是批評搬運法的，當然這些搬運法的不會拿這兩句話來批評自己，事實上呂祖兩種人都一起批評了。何況，煉搬運法也未必長壽，煉搬運法短命的人多的很，啥都不煉，整天閒閒沒事幹，長壽的也多得很。

性命雙修玄又玄，海底洪波駕法船。
生擒活捉蛟龍首，始知匠手不虛傳。

「性命雙修玄又玄」，就像在滔天巨浪當中，駕著法船，卻穩如泰山，啥也不怕，還能生擒活捉蛟龍首，龍就是東方木，就是性命雙修能夠煉出烏肝木小藥，而且是在百日之內練出來。這不是吹牛的，筆者自身的教學經驗確實如此，性命雙修確實名不虛傳，問題是要搞清楚甚麼是性功？甚麼是命功？命功大家都知道，從水火階段的氣下手，性功就一堆人不知道了，其實呂祖說過無數次了，就是心如明鏡，也就是煉己，清淨意土，對自身慾念清清楚楚，這裡講的慾念不是性慾的慾念，而是任何一絲絲的企圖，也就是心裡面的任何起心動念，都清清楚楚，不動用後天意識干預功態，完全地順其自然，這樣的清淨意土，才有可能心如明鏡，才是真正的性功。請各位讀者不要把性功誤會成不生氣或者好脾氣，性功不是不生氣或者好脾氣，性功是對自己內在的慾念，一絲絲的起心動念，都要清清楚楚的覺察，對自己想要做甚麼的慾念，都是覺察的，甚至對於自己的意識狀態的變化都是覺察的，都能夠不起干預之心，都能夠純粹覺察，這樣才有可能培養出清淨意土，才有可能「窮戊己」煉出真正的性命雙修的丹道。

《敲爻歌》非常重要，不僅《悟真篇》多處採用，而且太極拳創始者張三丰的《無根樹》也是改寫自《敲爻歌》，可見得此歌對於張伯端和張三丰影響巨大，但是此歌卻被嚴重忽略了，大部分的人幾乎不知道紫陽真人張伯端，和太極拳創始張三丰的丹道思想來源，是源自於此歌，此歌重要性幾乎被消失了。希望本書的出版，能為此歌帶來平反，讓更多人知道《敲爻歌》承先啟後的地位，上承東漢《周易參同契》，下啟北宋張伯端、元代張三丰。

第八章　七言詩

《四庫全書》中收錄的《全唐詩》，從第856卷到第859卷，紀載了呂巖（呂洞賓）許多七言詩，對於某些詩可能是後人添加，修道理念和呂洞賓其他詩不同的部分，本書便予以省略，避免造成混淆，僅摘錄可信度較高的詩作。

周行獨力出群倫，默默昏昏亙古存。
無象無形潛造化，有門有户在乾坤。
色非色際誰窮處，空不空中自得根。
此道非從它外得，千言萬語謾評論。

獨自一人修行大道，超越眾人。「周行」——大道。「獨力」——獨自一人。「出群倫」——超越眾人。這句話頗有天地一沙鷗之意。「默默昏昏」是兔髓金的功態，恍惚之意，默默昏昏的狀態像是亙古就存在了。兔髓金的默默昏昏的狀態，無形無象深潛造化。修行大道有門有戶，重點就在於能否通曉乾坤陰陽演化的原理。有誰能窮盡色非色的邊際處，空不空之中自然能得到根本。此道不是從外在得到的，千言萬語也無法說得清楚，還是要實際去修煉才能知道。「謾」——空，徒然，「謾評論」——空評論，說太多也沒用的意思。

通靈一顆正金丹，不在天涯地角安。
討論窮經深莫究，登山臨水杳無看。
光明暗寄希夷頂，赫赤高居混沌端。
舉世若能知所寓，超凡入聖弗爲難。

真正能通靈的金丹，不是在天涯，也不在地角安放，即使你討論了所有的經典，也不需要太過深究，你登山臨水也找不到金丹的蹤跡，金丹在哪裡呢？金丹就暗暗地寄放在「希夷頂」，「希夷」就是恍惚，「頂」就是極盛，恍惚到了極盛處，也就是陰極，就會生陽，這個因為陰極而產生的陽，就是金丹所在的地方。「赫赤」就是金丹的顏色，紫金色就是赫赤，類似紅銅，故稱為紫金。所以光明和赫赤都代表金丹；「混沌」也是希夷，就是恍惚，陰的狀態，陰到極點，故稱為混沌端。「舉世」大家，如果都能知道金丹所「寓」，所在的地方，那麼超凡入聖就不難了，弗為難，不難。

落魄紅塵四十春，無爲無事信天眞。
生涯只在乾坤鼎，活計惟憑日月輪。
八卦氣中潛至寶，五行光裡隱元神。
桑田改變依然在，永作人間出世人。

這句話很清楚地說明了，呂祖在四十歲的時候的狀態，那時候的呂祖沒甚麼收入來源，推估可能是靠年輕時候當官的儲蓄，或者當啃老族吃家裡的，很確定的是呂祖這時候沒有工作，整天沒事就是煉丹道，所以說「無為無事信天真」，他相信天下真的有修真究竟可以達成，他的生活重點就在「乾坤鼎」，也就是玄關竅，「日月輪」這裡的定義很清楚了，日輪就是烏肝木，月輪就是兔髓金。「八卦氣中」就是在整個陰陽修煉的過程中，「潛至寶」潛藏著至寶，這個至寶就是陽極生陰，陰極生陽之後所產生的陽生現象，這種陽生共有三個階段，第一個階段是小藥，第二個階段是暫時性的大藥，第三個階段是金丹真人，才可真正稱為至寶。「五行光裡」是相對「八卦氣中」，其實「光」就是金木，「隱元神」隱藏著元神，金就是陰神，木就是陽神，元神則是純陽狀態下出現的，所以說「隱元神」，也就是金木小藥光隱藏著元神。「桑田改變依然在，永作人間出世人。」一個人經過修行，滄海桑田改變了，但是自己還在，還是活在人間，雖然活在人間但是狀態已經完全不同了，已經是一個出世人了。

按照呂洞賓的定義，日月輪就是烏肝兔髓的光，這定義好像和佛家不太相同。佛家的日月輪是屬於金丹領域的，月輪是大藥圓月，日輪是大藥金丹。有一個可能就是呂洞賓這個時候還沒煉到大藥，所以他會用「信天真」、「潛至寶」、「隱元神」這樣的字眼。我們在看呂洞賓的詩的時候要考慮到，他的詩不見得練成金丹才開始寫出來，很有可能在煉的過程中就已經陸陸續續在寫他的心情了，所以有的詩程度比較高，牽涉到大藥，有的詩程度比較低，可能只有小藥和陰陽交替，這一點跟張伯端是相同的，張伯端在禪詩的部分程度是比較低的，只有烏肝小藥，但是丹詩的部分程度是比較高的，對於一些大藥的細節，他也能寫得很清楚，甚至達到一種精確註解呂祖詩的程度。

獨處乾坤萬象中，從頭歷歷運元功。
縱橫北斗心機大，顛倒南辰膽氣雄。
鬼哭神號金鼎結，雞飛犬化玉爐空。
如何俗士尋常覓，不達希夷不可窮。

修煉都是獨自一人的事情，從動到靜，幾乎是沒辦法一群人一起參與的，像有些團體，會一起練共同的動作，好像跳舞一樣，跳著共同的動作，這樣在丹道修練裡面是沒辦法的，因為每個人的身體狀態都不同，需要打通的經脈隨時都在變化，所以修練一定是自己一個人。可能讀者會認為打坐不就可以一群人一起嗎？在一個大廳裡面一起打坐，確實可以，但是效果非常差，因為一群人在一起練靜功還是會互相干擾，這不僅僅是聲音或者動靜的干擾，在氣場上也是會干擾的。最高效的方式還是自己一個人練，跟一群人一起練，不是不行，可以當作短期內，激勵道心的方式，因為自己一個人練，長久下來，會有倦怠的情況發生，這時候一群人一起練，會有激勵的效果，但是如果長期把跟一群人練當成主要修練，那可能練上一輩子都不會進步。所以我們知道修練一定是自己一個人練，在金木陰陽反復交替之中，有各種現象，所以說「獨處乾坤萬象中」。

「從頭歷歷運元功」每次的修煉都是從頭開始，這一點在第一集《無為丹道》就提到過這種概念，不管上次練到甚麼狀況，這次的修練，都還是從頭開始，不要想說要從甚麼地方開始，這種想法都會淪為一種後天思想的干預，因此「從頭」練起，每次都抱持這個初心是非常重要的，可說是丹道演化當中，一個非常基本而重要的心態。

「縱橫北斗心機大，顛倒南辰膽氣雄。」北斗七星旋轉一周就是從陽到陰，又從陰到陽，各位千萬不要誤會，說北斗七星運轉一周就是所謂的任督小周天，那是搬運法的一種誤解，事實上這種後天意識造作所練出來的任督運行小周天，並非是呂祖丹道之中真正的小周天，呂祖丹道真正的周天，就是陰陽金木反復交替，陽極生陰，陰極生陽，這樣一個陰陽練透的周期，才是真正的周天。跟「北斗」相對應的就是「南辰」北斗七星大家都知道，南辰可能就是南方的星辰，對應北斗七星。縱橫走過北斗七星一周天的陰陽之後，就把南方的星辰顛倒了，講的應該是丹道的修行重點「五行顛倒」，水火生金木，再生金丹，這樣的一個五行顛倒產生金丹的程序。所以才說「膽氣雄」這樣的陰陽周天練透，可以煉出金丹成仙，豈非膽氣雄？

「鬼哭神號金鼎結，雞飛犬化玉爐空。」金鼎之前說過，就是兔髓金狀態下的玄關竅，玉爐就是烏肝木狀態下的玄關竅，「鬼哭神號」對應「雞飛犬化」，意思差不多，都是大費周章地一番努力修練。

「如何俗士尋常覓，不達希夷不可窮」俗人如何找得到這條修道之路呢？呂祖說了重點了——「希夷」，如果練不到希夷的狀態，就找不到這條道路。那甚麼是希夷呢？之前說過，就是兔髓金的恍惚化陰狀態。世人總是容易理解在意識狀態下的種種造作法門，但是一旦失去意識，就不知道如何練了，因此，總有些旁門左道，例如所謂的不倒單，例如強迫自己停留在一靈獨存的假入定頑空定狀態，這些都是在正派法門當中經常會學到的，表面上看似正派，其實卻是旁門左道，真正的修道，是必須要讓自己深入這希夷恍惚之中的，也就是陽先行，陰後隨，走完了烏肝木，或者尚未形成烏肝木的水火氣感階段，這都是屬於陽，走完了陽的部份，就要讓自己走入陰的狀態，陰的狀態，剛開始都是昏沉昏睡，都是很正常的，千萬不要相信那些名門正派所講的，要維持在一個一靈獨存的狀態，一旦你讓自己抗拒昏沉，用一些後天技巧，或者意志力，停留在一個一靈獨存的狀態，基本上你就已經失去陰陽交替的重要法則了，再也無法順其自然地進行陰陽交替，「一陰一陽之謂道」，光陽不陰，怎麼可能練出程度來呢？所以俗人修道，最大的障礙就在於此，無法真正做到清靜無為，只想著要速成，沒有經過陰陽交替的洗禮，哪來的元神覺醒呢？

誰信華池路最深，非遐非邇奧難尋。
九年采煉如紅玉，一日圓成似紫金。
得了永祛寒暑逼，服之應免死生侵。

勸君門外修身者，端念思惟此道心。

「華池」就是產生金花的池，金花就是烏肝木的光，產生烏肝木的地方就是玄關竅，所以華池就是玄關竅，有誰相信修煉玄關竅的路是最深的？「遐」，遠。「邇」，近。不遠不近奧祕難尋。筆者在網路上做過調查，大約有三分之一的人，是很容易產生光的，有三分之二的人是很難產生光的，因此對這三分之二的人來說，玄關竅是非常難以理解的，一輩子都沒見過光的人，很難理解為什麼閉著眼睛會看見光，甚至有的人認為別人能看見光是幻境。

「九年采煉如紅玉」，九年的意思就是九年面壁，就是完成金丹的過程，在完成金丹的過程中，這九年採煉所看見的光，就跟紅玉一樣，其實烏肝光不只紅的，七個顏色都有，只是剛開始閉眼是紅的。「一日圓成似紫金」，有一天煉到了金丹真人，就變成紫金色，紫金不是紫色也不是金色，而是紅銅色，類似火的顏色。

「得了永祛寒暑逼，服之應免死生侵。」得到了金丹，就可以驅寒避暑，身體會變得很好，服之應該可以免除生死的侵害。「勸君門外修身者，端念思惟此道心。」勸告諸君如果您還在道門之外修煉身體的，要端正思維此道心，不要只有追求身體健康，要把道心拿出來修道，修得金丹才能真正免受生死侵害。

水府尋鉛合火鉛，黑紅紅黑又玄玄。

氣中生氣肌膚換，精裡含精性命專。
藥返便爲眞道士，丹還本是聖胎仙。
出神入定虛華語，徒費功夫萬萬年。

「水府」就是水火階段，也就是氣感階段，在丹道裡面，氣感就稱為水。「尋鉛」就是尋找鉛，鉛就是金木階段，也就是光感階段，在丹道裡面，烏肝光就稱為鉛。所以「水府尋鉛」就是在氣感當中尋找光感。「合火鉛」裡面的火，就是水火階段的神火，「合火鉛」就是氣感跟神火結合，才能產生光感的意思。所以我們知道，練丹道如果只有氣感，那就是神火出了問題，神火沒有正確地和氣感的水結合，導致無法正常產生鉛，也就是光。

「黑」代表水，「紅」代表火，「黑紅紅黑又玄玄」意思是水火結合就能產生鉛的這件事情非常地玄奇。「氣中生氣肌膚換」，氣感當中能夠產生光感，光感的來源也是氣，而且不管光感還是氣感，煉出來之後，皮膚都會變好，特別是額頭鼻頭特別光亮。「精裡含精性命專」，我們看到呂祖講到「精」就要想到「烹煉不是精和液，天地乾坤日月精」，也就是這個精不是身體的精，而是日月精，日月精前面說過了，就是烏肝木和兔髓金，所以這裡講的「精裡含精」真正的意義是烏肝木裡面包含了兔髓金。

「藥返便為真道士」這裡講的藥就是小藥，產生了金木小藥，就開始入道門，才能稱為真正的道士，不是說那些穿著道士服，念著不知所云的咒語的才是道士，就呂祖的定義，能夠產生金木小藥的，才能稱為真正的道士。「丹還本是聖胎仙」，「丹還」就是還丹，七返九還，也就是從二階段陽生之後，十月懷胎，產生玄珠的，才能真正稱為「胎」仙。自從筆者開始在網路上教學之後，已經有不少道友煉出二階段陽生的十月懷胎，就呂祖的定義，這些道友已經算是拿到修仙門票了，因為已經是「聖胎仙」了。

「出神入定虛華語，徒費功夫萬萬年。」這段話非常令人意外的，原來在呂祖的時代，就已經有所謂的「出神入定」的說法了，「出神」的說法來自於搬運法，出陽神，出陰神都是，其真正的階段則是幻境，也就是呂祖所說的「妖」，「斬三尸，見鑄劍，煉己通靈知應驗。剛柔變化任施為，萬里驅妖如掣電。」結果在這個地方，我們又看見呂祖再一次批評了這個現象為「虛華語」，虛華不實的話語，並且明白地說了這種現象是「徒費功夫萬萬年」。

這四句話太重要了！

所以從這四句話，我們看到幾個重點：

1. 真正的道士必須有金木小藥。

2. 練出還丹，也就是二階段陽生，就已經是聖胎仙了。

3. 把出陽神出陰神這種現象當成入定的，是一種虛華不實的話，這樣練是浪費時間。

看到這裡，各位有沒有覺得挺恐怖的？呂祖，呂洞賓，中華歷史上最偉大的丹道大師說了，真正的道士必須產生小藥才算，但是事實上，各位所見到的道士，哪一個有小藥的？可以跟各位說，幾乎沒有。頂多能有氣感就了不起了，哪來的小藥？

也就是說穿著道士服，頂著道士名義的，幾乎都是假道士，這豈非是一件可怕的事情？

更可怕的是，一大堆自稱出陰神出陽神的丹道大師，竟然被呂祖批評為浪費時間，各位不要小看這句話，這些大師收費可不便宜，頂著出陽神的名義，一個學生幾萬幾萬的收，事實上，他只是在做白日夢而已，難道各位覺得這樣不可怕嗎？你以為他是大師，其實他只是在作夢，還能說服你他在出陽神，更可怕的是還能說服你，有所謂的出陽神這回事，最可怕的是，有人竟然信了，竟然真的繳學費了。

九鼎烹煎九轉砂，區分時節更無差。
精神氣血歸三要，南北東西共一家。
天地變通飛白雪，陰陽和合產金花。
終期鳳詔空中降，跨虎騎龍謁紫霞。

呂祖的「九」就是第九的意思，也就是金的順序，並不是九個甚麼東西。所以「九鼎」不是九個鼎，而是「金鼎」。同理，「九轉」也不是九個在轉動的東西，而是「金」轉的意思，「九轉砂」就是九轉金丹的意思，「砂」指的是硃砂，也就是汞，也是金木的金，金木階段的木是鉛，金木階段的金就是汞。九轉砂主要講的是七返九還這個陽生現象所產生的玄珠，是金丹的前身，廣義的金丹，所以九轉也稱為金丹，講的就是金丹產生的程序，是由陽生裡面所產生出來的。

了解了「九鼎」和「九轉砂」的意義之後，再來看「九鼎烹煎九轉砂」就很清楚了，就是兔髓金狀態下的玄關，煉出陽生狀態下的金丹。「區分時節更無差」，而這種修煉的過程，不需要「區分時節」，不需要死板板地按照外在的時間或者節氣，主要的重點還是在於程序的完整，而不是死板板的外在時間。「精神氣血歸三要，南北東西共一家。」程序完整了之後，就能達成「南北東西共一家」，從南北的水火階段，煉到東西的金木階段，這個程序完整了，才能把「精神氣血」轉變成金丹。而「三要」是甚麼呢？「此時黃道會陰陽，三性元宮無漏泄。」應該就是金木土三家相見產嬰兒胎仙，也就是把初級的「精神氣血」轉變成高級的金木土，金木小藥在純淨的土上相見，才能產生九轉金丹。

「天地變通飛白雪，陰陽和合產金花。」這兩段話應該是顛倒的，金花是先產生的，金花就是烏肝木，開啟玄關的最初就是出現烏肝木，也就是金花。而玄關開啟之後，煉到全通了，產生白雪，開始進入三階段陽生，白雪是小周天的結束，大周天的開啟，這裡所謂的小周天大周天的定義和一般搬運法不同，並不是氣感繞行任督稱為小周天，不是氣感繞行左右中脈就是大周天，這裡的定義是有陰陽交替的情況下稱為小周天，沒有陰陽交替，進入純陽狀態的第三階段陽生，稱為大周天。所以烏肝金花是陰陽交替的開啟，飛白雪是陰陽交替的結束，進入純陽的開始。懂了這個概念之後，再來看「天地變通飛白雪，陰陽和合產金花」就很清楚了，陰陽和合開始進入陰陽交替階段，天地變通重點在於通，陰陽打通了，進入純陽，就開始飛白雪，進入第三階段陽生。

「終期鳳詔空中降，跨虎騎龍謁紫霞。」這兩句話，跟上面兩句話一樣，也是要顛倒看的，龍虎就是金木陰陽交替階段，紫霞就是烏肝光，講的是剛開始開啟玄關的狀態，而前面那句「終期」講的也是玄關後期的現象，也就是進入純陽，第三階段陽生的開始。

憑君子後午前看，一脈天津在脊端。
金闕內藏玄穀子，玉池中坐太和官。
只將至妙三周火，煉出通靈九轉丹。
直指幾多求道者，行藏莫離虎龍灘。

這首詩和呂祖其他所有的詩講的內容都不同，很明顯的是搬運法練習者創作夾帶進去的。從第三句「三周火」煉出「九轉丹」就可以知道完全不符合，呂祖所說的九轉丹是三家相見產生的，金木土三家，並非是從水火階段的運轉所造就出來的。除了從三周火直接煉出九轉丹的說法不符合之外，此詩也用了脊端，這在呂祖其他詩當中是看不到的，基本上對一個進入金木階段的人來說，水火階段的氣感就會自動會變弱，更別說甚麼「天津」這種口水之類的，都是很快地，可能幾分鐘，甚至幾秒鐘就能度過這個階段了。從此詩就可以看出，已經被夾帶後人所假造的詩了，因此後面對於有爭議的部分，就直接省略，不再列出，避免造成讀者的混淆。

安排鼎灶煉玄根，進退須明卯酉門。
繞電奔雲飛日月，驅龍走虎出乾坤。
一丸因與紅顏駐，九轉能燒白髮痕。
此道幽微知者少，茫茫塵世與誰論。

「鼎灶」講的是玄關，「安排鼎灶煉玄根」就是煉玄關竅，也就是陰陽金木階段。「進退須明卯酉門」，「卯酉」是早晨和黃昏，可以說是陰陽的代名詞，意識的進退必須要知道陰陽，陰陽的區分就是在於意識的進退，意識上浮則為陽，意識下沉則為陰。

「繞電」就是氣感階段，氣感在全身繞的時候，就很像電流，「奔雲」就是烏肝階段，烏肝光的行動方式很像電漿和北極光，也很像天上的雲，「飛日月」呂祖講到日月，各位就要想到烏肝兔髓，木和金。「驅龍走虎」講的也是金木，龍就是烏肝木，虎就是兔髓金。「出乾坤」，乾坤就是陰陽。

「一丸因與紅顏駐，九轉能燒白髮痕。」「一丸」和「九轉」是一樣的，都是金丹，煉出金丹，並且維持在金丹的狀態，人就能變得年輕有活力。但是筆者依照自身的經驗，要能維持在金丹狀態，那是非常困難的，生活中總有很多事情會把狀態拉下來，工作上的勞累、人際關係的矛盾、身體狀態等等，各種因素，都有可能會退出能夠維持金丹狀態的三階段陽生。各位不要以為三階段陽生的金丹狀態是煉到就永遠停留在那個狀態，非也，只要身心各種狀態沒撐住，就會掉下來了，掉下來之後，要再煉回去，隨著年齡的增加，難度就會越來越高。所以金丹狀態確實能夠讓人變年輕，問題是能在這個狀態停留多久。

「此道幽微知者少，茫茫塵世與誰論。」這條道路是如此幽微，茫茫塵世能夠跟誰說呢？呂祖有這樣的問題，筆者也有同樣的問題，沒煉的人，是完全沒辦法理解這條道路的，但是如何讓沒煉的人肯煉，又是一個問題，要說服一個不想煉的人去煉，那是比登天還難，說服也是一種消耗心力的行為，所以筆者能找到的辦法只有寫書，只要讀者願意看書，起碼引發動機，願意來煉，這樣慢慢地就能培養志同道合者，筆者這樣的行為是在茫茫塵世當中尋找志同道合者，只有肯煉並且煉到一定程度之人，才有辦法理解更幽微的道。

醍醐一盞詩一篇，暮醉朝吟不記年。
乾馬屢來遊九地，坤牛時駕出三天。
白龜窟裡夫妻會，青鳳巢中子母圓。
提挈靈童山上望，重重疊疊是金錢。

「醍醐」這裡的意思是美酒，各位看到呂祖提到酒，就要想到兔髓金的入陰狀態，「醍醐一盞詩一篇」每經歷一次兔髓陰的入定化陰狀態，就寫一篇詩。「暮醉」跟「醒醐」一樣都是講兔髓金的入陰狀態，晚上進入兔髓金的狀態，白天就吟詩，「不記年」這樣的日子不知道過了多少年。

《說卦傳》：「乾為馬，坤為牛，震為龍，巽為雞，坎為豕，離為雉，艮為狗，兌為羊」所以「乾馬」就是乾，陽；「坤牛」就是坤，陰。「九地」就是三天，這是佛教名詞；「三天」就是欲界天，色界天，無色界天。所以九地就是：欲界天一個地，色界天四個地（初禪、二禪、三禪、四禪），無色界天也四個地（空無邊處地、識無邊處地、無所有處地、非想非非想處地），總共加起來九地。所以九地就是三天的同義詞，講的就是入定的層次。「乾馬屢來遊九地，坤牛時駕出三天。」在陰陽交替之下修煉，就能入定經歷九地三天。

「白」代表金，「龜」代表水，「青」代表木，「鳳」代表火，「白龜窟裡」代表玄關竅，「夫妻會」代表陰陽相會，「青鳳巢中」也是代表玄關竅，「子母圓」在丹道修煉中，水火生金木，所以水火為金木之母，這同樣講的是水火生金木，金木在玄關竅當中陰陽相會生金丹的程序。

「提挈靈童山上望，重重疊疊是金錢。」這是講胎仙階段，「金錢」就是陽生內景，從二階段陽生到三階段陽生初期，都有各種曼陀羅內景，有各種形狀，基本上都是以圓心為主，各種形狀，六角形，正方形，圓形，大的只有一個，中型的數量較多，小的重重疊疊數量無數多，這都是十月懷胎開始會出現的內景，這些內景都是胎仙，也就是詩中所謂的「靈童」。如果沒煉到二階段陽生，親自見證這種種形狀，看到這一句話，肯定看不懂呂祖到底在說甚麼，會覺得相當莫名其妙。筆者在出版了《無為丹道》和《悟真篇（註解）》兩書之後，有些讀者反應看不懂，筆者也相當無奈，因為所有的丹經講的都是修煉過程當中的現象，不是理論，也不是心靈成長，若沒有相關的實修經驗，那是根本鴨子聽雷，完全聽不懂的，筆者再怎麼生花妙筆，也不可能讓沒有實修經驗的讀者完全了解，也請讀者務必要實修，不要想說要從文字上就能有所了解，實修上的現象是不可能從思想去了解的，一定要親身力行，親自實踐才行。

認得東西木與金，自然爐鼎虎龍吟。
但隨天地明消息，方識陰陽有信音。
左掌南辰攀鶴羽，右擎北極剖龜心。
神仙親口留斯旨，何用區區向外尋。

「認得東西木與金，自然爐鼎虎龍吟。」本書從頭到尾都在講木與金，相信各位看到這裡已經是非常清楚了，木就是東，金就是西，只要懂得木金陰陽交替，自然爐鼎這個玄關竅就能虎龍吟，就能開始運作。「但隨天地明消息，方識陰陽有信音。」天地也是代表陰陽，隨著天地陰陽交替明白這個練丹道的現象，方才知道陰陽是有信音展現出來的。「左掌南辰攀鶴羽，右擎北極剖龜心。」左右相對應，南辰北極也是相對應，「南辰」代表火，「北極」代表水，鶴羽對應龜心，「鶴羽」代表火，「龜心」代表水，意思就是水火階段。「神仙親口留斯旨，何用區區向外尋。」神仙親口留下修道要旨，何必區區向外追尋呢？呂祖師寫得這麼清楚，修道該怎麼修，整個流程怎麼回事，清清楚楚的，不需要密法，只需要腳踏實地去煉，就能成仙。

一本天機深更深，徒言萬劫與千金。
三冬大熱玄中火，六月霜寒表外陰。
金爲浮來方見性，木因沈後始知心。
五行顚倒堪消息，返本還元在己尋。

「一本天機深更深，徒言萬劫與千金。」雖然呂祖不斷重複講丹道修煉過程，但是對於沒有煉過的人來說，還是無法理解，難如天書，即使花了無數的時間精力講解，還是如同天機一般地深奧。這一點筆者相當有感概，出版第一集的時候，就有許多人說看不懂，即使用了許多大白話講解，對沒有煉過的人來說，還是無法理解，這牽涉到人生未曾體驗過的經驗，即使說得再怎麼清楚，對於未曾煉過的人來說，依然是不可思議，無法理解。

「三冬」相對應「六月」，所以我們知道「三冬」不是三年的冬天，而是三月的冬天，三月的冬天即將要轉為春天，比喻的是陰盡生陽的時機，也就是陽生的時機，所以「三冬大熱玄中火」講的是陽生的時機，七返九還，火返金還的陽生現象，陽生的時機，神火上浮，就是火返，神火上浮的同時，兔髓金的小藥也出現的七返九還。「六月」表示陽盛，陽盛的時機，卻提到「霜寒表外陰」，講的是烏肝木小藥在陽盛之際，開始轉為兔髓金的陰。所以「三冬大熱玄中火，六月霜寒表外陰。」也是顛倒來看，先發生「六月霜寒表外陰」這樣的陽極生陰現象之後，進入陰，直到陰極生陽，才又產生「三冬大熱玄中火」的現象。

「金為浮來方見性，木因沉後始知心。」這兩句跟上兩句一樣，都要顛倒來看，先發生「木因沉後始知心」，才發生「金為浮來方見性」，上一句講烏肝木到了陽盛之際，意識慢慢下沉進入兔髓金，而兔髓金的作用地區正是在心，故為「木因沈後始知心」。而陰極生陽之際，七返九還，火返金還的現象，正是「金為浮來方見性」，兔髓金小藥因為神火上浮而產生，並引發二階段陽生的內景，這個內景才是真正的性光，也就是本詩所說的「見性」，所以這裡講到一個非常重要的關鍵，並不是看見光就是見性，而是必須在七返九還的陽生之際產生的二階段陽生的特殊內景，才算是見性的性光。但是我們在一般常見的解釋當中，經常聽到有人把烏肝光當成性光，這是一個非常大的誤解。請讀者特別要注意此點，二階段陽生的性光和烏肝光是非常大的差異，不可混為一談，筆者也看到不少人的教學把烏肝光當成金丹，不管當成金丹或者當成性光，都是和呂祖詩的定義完全不相同的。

「五行顛倒堪消息，返本還元在已尋。」要了解五行顛倒的消息，重點還是要往自己身上尋找，丹道的修煉都是在自己的身上，並不是去廟裡求神，或者念些咒語，以為這樣就能召喚神明，這些都只是大腦的念想自欺欺人而已，或者僅僅只有安慰劑的效果，並非是真正的修行，道士也不是念咒拿證照的人就是道士，呂洞賓純陽祖師說得很清楚，修行消息在自己身上，煉出小藥的才是真正的道士。

虎將龍軍氣宇雄，佩符持甲去匆匆。
鋪排劍戟奔如電，羅列旌旗疾似風。
活捉三屍焚鬼窟，生擒六賊破魔宮。
河清海晏乾坤淨，世世安居道德中。

「虎將龍軍」呂祖喜歡相反的對應，所以「龍軍」是烏肝木先發生，然後才發生「虎將」兔髓金，金木陰陽交替運作，這樣的過程「氣宇雄」，「佩符持甲去匆匆。鋪排劍戟奔如電，羅列旌旗疾似風。」都是講金木陰陽交替的重要性。

「三屍」同「三尸」各版本傳鈔過程字體不同而已。「三屍」前面講過是欲望所引發的幻境，所以稱為「鬼窟」，「六賊」定義和「三屍」差不多，六賊是六種感官，眼耳鼻舌身意向外投射所產生的慾望，慾望引發幻境，所以稱為「魔宮」，「活捉」相對「生擒」，覺察來自內在的各種慾望，不為慾望所牽引，就是「活捉」、「生擒」鬼窟魔宮，被欲望所牽引，就是鬼窟魔宮。舉例來說，某些人在修煉過程中，一直把注意力放在身體的氣感，想要不斷地加強氣感，這也是一種慾望，被這種欲望所牽引，就已經是進入鬼窟魔宮，走火入魔了，所以各位讀者要非常小心，各位在市面上所看見的各種修行方法，只要是以欲望引發，作為修煉動機，甚至在修煉當中，時時刻刻都把注意力放在以欲望牽引為出發點的修煉方式，嚴格來說，這才是走火入魔的真正定義。

「河清海晏乾坤淨，世世安居道德中。」能夠覺察自己的慾望，不受慾望牽引，才能「河清海晏乾坤淨」，產生清淨意土，金木在清淨意土，也就是己土清淨當中，才能產生真正的金丹，安居於《道德經》所講的清淨無為的境界。

我家勤種我家田，內有靈苗活萬年。
花似黃金苞不大，子如白玉顆皆圓。
栽培全賴中宮土，灌溉須憑上谷泉。
直候九年功滿日，和根拔入大羅天。

「我家勤種我家田，內有靈苗活萬年。」修煉完全是內在世界的運作，以煉神為主，故稱為「我家」，也就是前面所提過的「靈根」，「靈苗」則是由靈根修煉出來的「藥苗」也就是烏肝木，烏肝木煉到順暢的時候，相對於其他的光，例如兔髓和陽生，烏肝木的光是非常容易出現的，而且可以持續很久，故稱為「活萬年」，不像是陽生，特別是二階段陽生，持續的時間非常短，經常只有幾秒鐘而已。

「花似黃金苞不大，子如白玉顆皆圓。」呂祖提到花，我們就要想到烏肝木，烏肝木為花，兔髓金當中的白圓光則為「子」。兔髓金當中的白圓光，非常不容易出現，必須要努力修練持續至少四年以上，加上清淨己土的領悟，才有機會產生。

「栽培全賴中宮土，灌溉須憑上谷泉。」「中宮」就是土，各位要注意，中宮不是中丹田，不是上中下丹田的架構，而是五行金木水火土，土在中間的架構，故呂祖講中宮就是土。不管是要修煉出金花，或者兔髓金的白玉圓子，都需要清淨意土，烏肝木金花要求比較低，只要有陽的戊土就可以煉出來，但是兔髓金的白玉圓子則需要陰的己土才能煉出來。陽土好煉，只要在陽的階段不要有過度的干涉與雜念，就能輕易煉出來，正常情況大約三個月就能煉出來。而陰土就不好煉，必須對內在的思想和價值觀有所整理，不受到欲望和洗腦價值所影響，才能有清淨陰土，也就是煉己的己土。這個部分非常困難，有的人可能一輩子都煉不出來，主要還是受到價值觀的影響，各種虛假的價值觀會在內在影響心的方向，而這個影響將導致意土無法清淨。修煉的方法主要還是覺察反省，是不是被甚麼密法或者價值觀影響了，例如認為氣才是主體，因此一直把注意力鎖定在氣感；例如有神神鬼鬼的價值觀，經常把幻境當成神通，因此對於幻境有一種內在的追求，這些都是導致意土不清淨的主要原因。「灌溉須憑上谷泉」意思同清淨意土，「上谷泉」就是上游山谷的泉水，相對於下游水，當然是比較清淨的，所以這句話是換個角度講清淨意土的重要性。

現在很多煉丹道的朋友幾乎都不講清淨意土了，又或者把清淨意土當作沒有雜念，這是不對的，沒有雜念是屬於陽土，不屬於「煉己」的「己土」，也就是陰土，只有沒有雜念是沒用的，頂多只能煉出烏肝，必須沒有受到不明價值觀的影響，內在的神火沒有被欲望導向其他地方，例如氣感，例如幻境影像等等，這樣才有可能產生清淨意土。

「直候九年功滿日，和根拔入大羅天。」呂祖只要講到「九年」，各位就要想到是金丹真人煉成，金丹真人煉成之後，就升仙「大羅天」。百日築基講的是烏肝小藥的產生，十月懷胎講的是二階段陽生的產生，三年哺乳講的是兔髓金的光的產生，九年面壁就是九年功滿，講的是金丹真人的煉成。

尋常學道說黃芽，萬水千山覓轉差。
有畛有園難下種，無根無腳自開花。
九三鼎內烹如酪，六一爐中結似霞。
不日成丹應換骨，飛升遙指玉皇家。

尋常學道者喜歡說黃芽，真的萬水千山到處尋找黃芽，卻還是找不到，說是一回事，真的煉又是另外一回事，更何況有些人還是向外尋求，已經是完全背道而馳了。「畛」，田間道路，「有畛有園難下種」有自己的田卻難以下種，因為外求，所以不知道真正修煉的田在自己。如果能夠知道修煉之田在己身，則會發現無根無腳也會自己開花，講的就是烏肝木的金花之光。

「九三鼎內烹如酪，六一爐中結似霞。」這個數字來自於《河圖》，一和六為水，二和七為火，三和八為木，四和九為金，五和十為土，故「九三」為金和木，「九三鼎」為金木鼎，金木狀態的玄關竅。「六一」都是水，水為氣感階段，「六一爐中結似霞」為氣感的修煉產生如同霞光一般的烏肝木。故此二句同樣是顛倒句，「六一爐中結似霞」先發生，「九三鼎內烹如酪」後發生，先發生的六一爐產生如同霞光一般的烏肝木，後發生的九三鼎烹煉出如同乳酪那般的兔髓金白光。「不日成丹應換骨，飛升遙指玉皇家。」很快地煉成丹之後，應該就會脫胎換骨，飛升指日可待。

四六關頭路坦平，行人到此不須驚。
從教犢駕轟轟轉，盡使羊車軋軋鳴。
渡海經河稀阻滯，上天入地絕欹傾。
功成直入長生殿，袖出神珠徹夜明。

「四六」乍看之下不知所云，但是看到第三、四句，意思就出來了，呂祖會引用《法華經》，「從教犢駕轟轟轉，盡使羊車軋軋鳴。」「犢」，小牛。故前者為牛車，後者為羊車，牛車比喻修六度者，羊車比喻修四聖諦者，故「四六」比喻修行六度和四聖諦者，也就是修行者遇到關頭，路還是平坦的，行人到此不需要害怕，從教小牛駕車轟轟轉，盡使羊車軋軋的鳴叫，也就是修行的關頭不用害怕，只要懂得修煉之法，遇到任何艱難險阻，都可以如履平地般的輕鬆。牛車羊車就是比喻修煉之法，有了修煉之法，甚麼困難關頭都不用擔心。

「攲」，傾斜。有了前面所講的修煉法，渡海經河就很少遇到阻礙，上天入地也不會傾斜，「功成」指九年功成，練成金丹。煉成之後，直接進入長生殿，金丹神珠好像在袖子裡面一樣，很容易就可以出現，徹夜光明。

金丹不是小金丹，陰鼎陽爐裡面安。
盡道東山尋汞易，豈知西海覓鉛難。
玄珠窟裡行非遠，赤水灘頭去便端。
認得靈竿眞的路，何勞禮月步星壇。

「金丹不是小金丹，陰鼎陽爐裡面安。」金丹是在「陰鼎陽爐」當中煉出來的，「陰鼎陽爐」就是陰陽交替的玄關竅，小金丹不是在玄關竅當中煉出來的，可見得呂祖時代就有人搞不清楚甚麼是金丹，因此呂祖才寫了這首詩，把那些搞錯金丹的，稱為「小金丹」，很明顯的，小金丹不是在陰陽交替的玄關竅裡面煉的，但這裡看不出來是甚麼，只知道當時確實有人誤解金丹的定義。

「盡道東山尋汞易」，「東山」代表陽，「汞」代表兔髓金，為什麼說在陽當中尋找汞容易呢？汞應該是屬陰，為什麼說在陽當中尋找汞容易呢？因為東山代表的是狀態，也就是烏肝木所在的地，也就是陽狀態的玄關竅，而汞則是兔髓金狀態下神火的轉換，神火轉換為陰，意識下沉，因此這裡講的是烏肝木煉到後面，轉變成意識下沉的兔髓金的這個階段，這個階段是比較容易的，由烏肝木的陽煉至兔髓金的陰是比較容易的。而後面那句「豈知西海覓鉛難」就同理可推了，也就是在兔髓金的陰的玄關竅狀態下，要尋找陽是困難的，兔髓金後段如果化陰成功，就會產生陽生現象，如果陰太多，就不會產生陽生現象，也就是陽生現象不見得每次都會產生，就算產生陽生，也不見得每次都能產生二階段陽生的玄珠現象。

「玄珠窟裡行非遠，赤水灘頭去便端。」上一句講到兔髓金到了後段，要產生玄珠現象是比較困難的，這一句開頭就講到玄珠了，雖然是比較困難，但是「行非遠」，不遠，「赤水灘頭」走到底就是了，赤是紅，代表火，赤水就是水火，第一階段的陰陽是水火階段，第二階段的陰陽是金木階段，這裡的赤水代表陰陽，意思就是陰陽煉到底就能到得了。「玄珠窟裡」，能產生玄珠的玄關竅，第一個陰陽水火煉到底，產生第二個陰陽金木，繼續煉到底，就能產生玄珠了，所以說「行不遠」，事實上，玄珠的產生就等於「十月懷胎」，只要能把握陰陽交替，每天每次的練習都能煉透，正常來說，大約一年就能產生玄珠，確實一年真的不遠。

「認得靈竿真的路，何勞禮月步星壇。」懷疑「竿」可能是傳抄錯誤，若依照呂祖的習慣用法，猜測可能為「根」，也就是靈根，「認得靈根真的路，何勞禮月步星壇。」認得靈根真正的道路，靈根是煉己最重要的內在覺知，故用「認得」，認得內在覺知，就能產生真正的道路，又何必「禮月步星壇」，星月代表上天，故為布置神壇，禮拜上天。可見得呂祖的時代還是有不少人把修道當成是祭祀，把祭祀當成修道的方式，這樣的傳統在春秋戰國時代就有紀錄了，像屈原的《九歌》，講的就是祭祀。直到現代，把祭祀當成修道的傳統還是依然存在，甚至可以說大部分的道教都是如此，以祭祀為主。但是在這裡，我們看到呂祖的價值觀，和傳統的道教非常不同，他認為只要認得真正的道路，又何必去祭祀呢？這就是實修者和宗教信徒很大的區別。在前面呂祖也提到過「藥返便為真道士」，都是相同的想法，實修者以丹道實修為修煉，和宗教信徒以祭祀為修煉，有很大的不同，但是我們看到，到今日，又有多少人了解呂祖思想？

古今機要甚分明，自是眾生力量輕。
盡向有中尋有質，誰能無裡見無形。
眞鉛聖汞徒虛費，玉室金關不解扃。
本色丹瓢推倒後，卻吞丸藥待延齡。

從古到今，修煉丹道的機制要點分明而清晰，只是眾生力量輕，沒有努力去修煉而已。只知道一直向「有」當中尋找「實質」的存在，又有誰能在「無」裡面看見「無形」呢？用這樣的想法去找「真鉛聖汞」也只是徒勞無功且虛費光陰，「玉室金關」就變成了無法解開的門閂。「玉室」代表烏肝木所在的玄關竅，「金關」代表兔髓金所在的玄關竅，意思就是錯誤的思想無法打開玄關竅，也找不到鉛汞。

「色」，色身。「本色」，自身。「瓢」，像葫蘆一樣取水的用具。「丹瓢」，煉丹的容器，意指玄關竅。「推倒」，捨棄。用錯誤的價值觀，自身修煉金丹的玄關竅捨棄後，卻妄想吞服實質的藥丸，想要藉此延長壽命。

從最後兩句就可以了解呂祖批評某些人「盡向有中尋有質」的用意了，在唐朝當時，應當就有很多人，不懂金丹的修煉過程，以為金丹就是實質上的藥丸，卻不知道金丹其實是光的修煉，陰陽反復的修練，即使古書寫得再清楚，「古今機要甚分明」，大部分的人還是無法理解。

浮名浮利兩何堪，回首歸山味轉甘。
舉世算無心可契，誰人更與道相參。
寸猶未到甘談尺，一尚難明強說三。
經卷葫蘆並拄杖，依前擔入舊江南。

這首詩應該是呂祖年紀比較大的時候寫的，已經看破人生浮名浮利，也感嘆人世間找不到人可以說修道之事，而且還拄著拐杖。

名利兩者如浮雲，不堪回首，回歸山林之後，人生的滋味才開始轉為甘甜。從這首詩可以知道，呂祖也經歷過名利場的，應該是年輕時當過官的，年紀大了才從官場退休。

舉世找不到契合之人可以談心，有誰能夠一起互相參道呢？跟其他人談道，基本的寸都講不清楚了，更何況談到進階的尺呢？講一都講不明白了，更何況三呢？這個一二三，就是引用《道德經》的「一生二，二生三，三生萬物」，「一」為陽，烏肝木；「二」為陰，兔髓金；「三」為陽生。烏肝木都難以說清楚了，更何況是陽生呢？這一點筆者也相當有感慨，有很多人喜歡問筆者陽生的狀態，特別是第三階段陽生的狀態，筆者也不是不說，因為說得越多，誤會就越多，對一個連烏肝木都沒有煉出來的人，又如何能跟他說清楚陰陽交替之後所產生的陽生內景呢？這不是筆者一人的困擾，幾乎只要是煉到二階段陽生以上的人，都有同樣的困擾，真是說不清楚的。因此筆者在網路教學只好設定一個門檻，有關於功態的問題，必須煉到二階段陽生，對於陰陽交替煉透，陽生的產生，有一定程度了解的人，大家再來談論，這樣才有辦法有基礎的共識，否則陰陽不懂，烏肝沒有，如何講得清楚第三階段陽生呢？

呂祖帶著經卷和葫蘆，葫蘆應該是裝水的，拄著拐杖，依照之前的路線，把行李擔入舊時的江南，可見得呂祖年輕時去過江南，年紀大之後，又去了一次，而且還是從名利場退下來之後去的。

本來無作亦無行，行著之時是妄情。
老氏語中猶未決，瞿曇言下更難明。
靈竿有節通天去，至藥無根得地生。
今日與君無吝惜，功成只此是蓬瀛。

本來修煉丹道就是無作無行，如果有行那就是妄情，意識心造作的妄想，老子語中沒有確定甚麼，瞿曇為釋迦摩尼佛的姓氏，佛陀所說更是難以明瞭。這裡的「靈竿」不是傳抄錯誤，因為後面「有節通天去」，靈竿應為靈根所生，另外呂祖也提過靈苗，故靈根生靈苗，靈苗長成後為靈竿，意為靈根所生之靈竿生長順利，「至藥」為金木小藥，沒有根卻能得到地就產生，地為土，金木小藥得到清淨意土就能順利生長。今天毫無保留地告訴你所有修煉的過程，修煉成功之後，就能到達仙境，蓬萊和瀛洲為仙境代稱。

> 解將火種種刀圭，火種刀圭世豈知。
> 山上長男騎白馬，水邊少女牧烏龜。
> 無中出有還丹象，陰裡生陽大道基。
> 顛倒五行憑匠手，不逢匠手莫施爲。

解釋如何將火種拿來種刀圭，「刀圭」是烏兔小藥，「火種」是神火，解釋如何用神和氣來產生烏兔小藥，世人豈知火種刀圭是甚麼。「長男」代表震，東方；「少女」代表兌，西方。「山上」代表東方生發之氣，「水邊」代表西方肅降之氣，「白馬」代表陽，「烏龜」代表陰，故「山上長男騎白馬」代表生發之氣為陽，「水邊少女牧烏龜」代表肅降之氣為陰，說的仍是陰陽交替的修煉過程。

「無中出有還丹象」，「還丹」就是七返九還二階段陽生所產生的玄珠，為金丹的基礎，玄珠的產生是因為化陰到了一定的程度，產生虛空，才能從虛空之中產生「有」，也就是還丹玄珠。「陰裡生陽大道基」同上一句，化陰到了一定的程度，產生純陽虛空，這才是大道的基礎，各位讀者仔細分辨，「陰裡生陽」和一開始練氣功時候的氣感不是一回事，有許多人將陰解釋為一開始還沒煉的狀態，陽解釋為水火階段的氣感，這樣可就誤會大了，整個次第順序完全錯置。

五行應該是金木生水火，但是煉丹道是「顛倒五行」的，水火生金木。「匠手」就是修煉者，「顛倒五行憑匠手，不逢匠手莫施為。」要煉出丹道真正的修煉方法，完全憑藉修煉者，如果沒有遇到真正的修煉者來教，自己不要亂煉，不然煉成了搬運法，以為煉氣就是一切，就能產生金丹，那就鬧笑話了。不過令人遺憾，目前主流價值觀竟是如此，希望本書出版之後，能產生扭轉乾坤的力量。

三千餘法論修行，第一燒丹路最親。
須是坎男端的物，取他離女自然珍。
烹成不死砂中汞，結出長生水裡銀。
九轉九還功若就，定將衰老返長春。

有三千多種方法談論修行，燒煉丹藥排行第一，「最親」煉丹是最親近的道路。「坎男」坎為水，男為陽，坎應該為陰，但是這裡卻說坎水，代表烏肝木，因為烏肝木來自於坎水，坎水本為陰，轉變為烏肝木之後，變為陽，故稱

「坎男」。同理，離為火，本為陽，轉變為兔髓金之後，轉為陰，故稱「離女」。「須是坎男端的物，取他離女自然珍。」必須是用烏肝木煉出兔髓金這個自然的珍寶。「砂」是硃砂，代表水火階段的神火，「汞」代表兔髓金，「砂中汞」神火轉變成兔髓金。「水」就是氣，就是一般煉氣功的那個氣，「銀」應是傳抄錯誤，應為「鉛」，「結出長生水裡鉛。」若非傳抄錯誤，這裡的銀就是鉛，代表烏肝木。「水裡鉛」氣轉變成烏肝木。「烹成不死砂中汞，結出長生水裡銀。」同樣講的是水火生金木的過程。「九轉九還」代表還丹，也就是玄珠，「功」代表煉成金丹。「九轉九還功若就，定將衰老返長春。」金丹如果煉成，一定會衰老返長春。

欲種長生不死根，再營陰魄及陽魂。
先教玄母歸離户，後遣空王鎮坎門。
虎到甲邊風浩浩，龍居庚內水溫溫。
迷途爭與輕輕泄，此理須憑達者論。

想要種「長生不死根」，然後再經營「陰魄及陽魂」，前面提到多次的靈根就是長生不死根，也就是煉己的能力，內在覺知的能力，「陰魄」就是兔髓金，「陽魂」就是烏肝木，「魄」為「白」，兔髓金的成熟光就是不動白色圓月，雖然與大圓月有光度和大小之分，但是也和圓月非常類似，容易被混為一談；另外初期的烏肝也是白色的，也有人把初期烏肝和兔髓金的白光混為一談，區分點就是兔髓金屬陰，意識已經完全下沉，心竅已開，意識下沉如同昏睡，到了成熟階段，昏睡轉變為內在覺知的清醒，身體依然昏睡的情況下，內在深度覺知醒來，此時晚上睡眠也會產生同樣的狀況，修煉者會覺得身體睡著，但是裡面是清醒的，等於是醒著睡覺，幾乎天天晚上如此，這種情況下所煉出來的兔髓金的不動白色圓月，才是真的，如果只有初期白色烏肝，根本不可能有這種脫離睡眠蓋的狀態的，這一點提供給讀者作為鑑別之用，以免與初期白色烏肝混為一談。知道兔髓金的成熟光是白色之後，就知道「陰魄」亦為兔髓金的代稱。而「魂」則為「云」，同「雲」，這正是烏肝木的特徵，烏肝的光如同飄動的雲，當然有些門派會把注意力鎖定在身體的特定位置，這種情況下所煉出來的烏肝光，會有不動的假象，但其邊緣仍不脫雲之特徵，會有霧邊的情況，也就是邊緣不是清晰銳利的，這便是烏肝木的特徵，即使使用後天意識刻意固定，仍舊無法產生如同兔髓金，或者二階段陽生以上內景那般邊緣銳利清晰的內景。當然烏肝光要動就動，不動就不動，不需要刻意用任何方法去固定或者聚集，任何方法都會導致後天意識運用過度，造成無法順利進入兔髓金狀態，此種煉法等於是自欺欺人，用後天意識營造一個假的內景，以為這個假的內景就是圓月，其實也就是初期不成熟的烏肝，請各位讀者務必鑑別清楚，不要使用任何方法或者密法，只要有任何密法，都會導致後天意識運用過度，只要後天意識運用過度，陽的神火無法轉換成兔髓金的陰，那後面就都別煉了，等於給自己製造非常大的障礙了。所以呂祖前面會先講「長生不死根」講的就是煉己，清淨意土，內在覺知的能力，這個才是真正的密法，所有的丹道修煉，都跟清淨意土有高度相關，只要沒有清淨意土，後面都沒辦法煉，過多的小技巧，都會造成後天意識運用過度，這一點非常關鍵，若是沒有這個領悟，那是完全沒辦法煉丹道的，就算以為煉了丹道，也會變成氣功，只能一輩子停留在水火階段，無法產生進階的烏兔小藥，甚至陽生二階段的玄珠就更不可能了。

「玄母」為九天玄女，但是這裡只是陰的代稱，不是真的有九天玄女。「空王」也是一樣的，《圓覺經》曰：「佛為萬法之王，又曰空王」，釋迦摩尼佛陀為男性，這裡空王代表陽。「離戶」是神火，「玄母歸離戶」，神火本為陽，能夠歸為陰，「坎門」為水，氣也，「空王鎮坎門」坎門本為陰，卻遣用陽鎮坎門，這表示水火階段，陰水加入神火之後，變為陽水，也就是陽氣，陽火加入水之後，變為陰火，也就是神火慢慢下沉，不再浮躁，慢慢進入更深的入定初禪狀態，水火相交，才能產生金木。所以「玄母歸離戶」和「空王鎮坎門」，「玄母」為陰水，「離戶」為陽火，「空王」為陽火，「坎門」為陰水，都是水火層次的陰陽相交。

「欲種長生不死根，再營陰魄及陽魂。先教玄母歸離戶，後遣空王鎮坎門。」想要煉長生不死的靈根，然後再經營陰魄陽魂，就要先教他水火的煉法，把陰水煉成陽水，陽火煉成陰火，水火相交，產生金木小藥，金木小藥出現之後，才能開始煉真正的丹道。

產生金木小藥之後，就開始要金木陰陽相交，「木」為陽，龍，甲，風。「金」為陰，虎，庚。《黃帝內經・素問篇・陰陽應象大論》：「東方生風……，西方生燥……」，故「水溫溫」亦為西方生燥，和庚相同，都是西方金代稱。虎為金，「甲邊風浩浩」為木，金在木之內。龍為木，「庚內水溫溫」木在金之內。講的都是金木相交，才能產生玄珠金丹。

「爭」同「怎」，「迷途爭與輕輕泄，此理須憑達者論。」迷途的人怎麼能夠輕輕的洩漏，這是不可能的，沒煉到的人，是講不清楚的，雖然嘴上說著天機不可洩漏，事實上就算他想重重地洩漏，也是不行的，更何況輕輕地洩漏，那也只是故弄玄虛，吊人胃口而已，這個道理只有「達者」，也就是煉到的人，才有辦法說得清楚，沒煉到的人，只能故弄玄虛，騙騙初學者而已，也就是這種情形相當普遍，自古至今，丹道一直被誤解為氣功，變成以搬運法為主流，若非呂祖這類「達者」留下諸多丹詩或丹經，恐怕丹道早已失去真正面目。

閉目存神玉户觀，時來火候遞相傳。
雲飛海面龍吞汞，風擊岩巔虎伏鉛。
一旦煉成身內寶，等閒探得道中玄。
刀圭餌了丹書降，跳出塵籠上九天。

各位看到「玉」就要想到烏肝木，木色青，青色就是玉的顏色，所以「玉戶」就是烏肝木狀態的玄關竅，閉目存神觀烏肝木狀態的玄關竅，所以這一句話已經把烏肝木狀態該怎麼煉，講得很清楚，就是純粹的觀就可以了，不用去搞甚麼集中注意力的小技巧，或者還要配合身體的氣感去繞行甚麼，如果搞那些小技巧就會後天意識運用過度，造成火候無法順利自然演化，也就是下一句說的「時來」，這個時來就是烏肝木自然轉換成兔髓金的時機，如果用了一堆所謂的密法技巧，就會造成這個「時」不會來，所以這一點要特別注意，不要以為去學了密法就能煉成，正好相反，學更多密法更煉不成，只要純粹地觀，把注意力放在烏肝木的玄關竅，自然就能產生兔髓金，這個時機是會自產生的。產生了這個時機之後，也不用特別去經營甚麼火候，就是「遞相傳」，自然相傳下去，烏肝木和兔髓金之間是自然轉換的，火候也是自然改變的，從烏肝木的文火，自然會慢慢轉換成兔髓金的止火，這個文火轉止火的過程，完全不需要特別的技巧，只要順從自然，就能自動慢慢轉化過去。

「雲飛」烏肝木的光看起來就像雲那樣飄動，「海面」烏肝木來自於水，「雲飛海面」烏肝木如雲般的光，是來自於水的昇華，水就是一般俗稱的氣。「龍吞汞」以龍為主，龍代表烏肝木，汞代表兔髓金，「龍吞汞」烏肝木像龍一樣，把代表兔髓金的汞吞了。「風」代表木，「岩」代表金，「風擊岩巔」風拍打岩石山巔，如同烏肝木轉化為兔髓金一樣，「虎伏鉛」虎代表金，鉛代表木，兔髓金降伏烏肝木，烏肝木煉到後來就會進入兔髓金的狀態。這兩句話都是比喻金木陰陽交替的作用，用各種名詞來講，鉛汞、龍虎、風、雲、海、岩等等。

「一旦煉成身內寶」一旦煉成烏兔小藥，金木陰陽交替，並產生相關的陽生玄珠，「等閒探得道中玄」等閒就是凡夫俗子，凡夫俗子從此探得道中的玄妙，本來不懂陰陽，沒有陽生玄珠的人，就是凡夫俗子，煉對方向，十月懷胎，堅持一年之後，就從凡夫俗子變成不等閒了，因為已經探得道中的玄妙所在。

「刀圭餌了丹書降」刀圭是秤藥的工具，引申為小藥的代稱，以刀圭小藥為餌，煉出真正的金丹。「跳出塵籠上九天」從此跳出塵世牢籠，上得九天，九天不是一天兩天那個九天，九代表最大的數字，九天代表最高的天界，意思就是成仙，完成修道大業。

修生一路就中難，迷者徒將萬卷看。
水火均平方是藥，陰陽差互不成丹。
守雌勿失雄方住，在黑無虧白自乾。
認得此般眞妙訣，何憂風雨妒衰殘。

「修生」可能是「修仙」的誤植，修仙之路非常困難，迷者即使萬卷丹書看過，也是白費工夫，看不出所以然來，甚至誤解的大有所在。迷者的定義很簡單，就呂祖來說，就是沒有煉出烏兔小藥，沒有煉出陰陽的，幾乎都是迷者，通常最常見的就是煉氣者，煉氣者只有在水火階段，沒有進入金木階段，卻看了許多丹經，想要以氣的角度解釋一切，卻是徒然枉費功夫，因此我們可以看到許多煉氣者將非常重要的丹經，都稱為隱喻，特別是呂祖詩，幾乎被荒廢，反而以造假的丹經代替，令人感到遺憾，希望本書出版後，讀者能看見呂祖修煉丹道的真正面目，而不至於被迷者誤導。

「水火均平」才能產生小藥，只有氣是沒有辦法煉成烏兔小藥的。「陰陽差互」沒有金木小藥的陰陽交替是不可能煉成金丹的，通常煉氣者常見的問題是只有煉氣，後天意識之下，只有煉陽，沒有陰陽交替，因此後面的陽生都不可能出現了，沒有陽生就沒有玄珠金丹的產生，這都是一連串的反應。

「守雌勿失雄方住」各位讀者看到這裡，應該也可以推出呂祖所講的「雌雄」是甚麼意思？沒錯就是「陰陽」，雌為陰，雄為陽，守雌就是守陰，也就是兔髓金狀態，這樣各位再來看「守雌勿失」就很清楚了，修煉丹道不能只有煉陽不煉陰，守陰勿失，陽才能產生，陰陽是相互交替出現的，沒有陰的修煉，陽是無法向前邁進的。

「在黑無虧白自乾」，同理，黑白也是一樣，黑代表陰，白代表陽，在兔髓金的狀態下「無虧」，為什麼用「無虧」？因為兔髓金最終的狀態，如同小型的圓月，所以採用「無虧」，有雙重含義，第一個含意講兔髓金的小型圓月，第二個含意講陰要煉到圓滿，圓滿無虧，就是「煉透」，這個煉透非常重要，煉兔髓金的時候，不要拿鬧鐘設定時間，必須要保留足夠的時間，讓陰煉透，煉到自己醒來陽生，這樣才稱得上「無虧」。同理，白也是一樣，為什麼用「自乾」？同樣有雙重含意，第一，烏肝木來自於水，第二，烏肝木同樣也要煉透，有水煉到沒有水，有烏肝木煉到沒有烏肝木，自動轉換成兔髓金，這就是「自乾」。很多人說古人沒有講到自發功，這不是自發功，甚麼又是自發功呢？都是自然產生，煉到透，煉到滿，自然產生演化，這不就是自發功嗎？自發功不見得是哪些動作才是自發功，陰陽交替自然產生，這也同樣是自發功，即使完全沒有任何動作，也是一樣的核心價值。

「認得此般真妙訣，何憂風雨妒衰殘」如果認得這般真正的奇妙的訣竅，何必擔憂外在環境如風雨一般造成衰老傷殘呢？

參考資料

1. 《道書十二種》，清，劉一明著。
2. 《新編呂洞賓真人丹道全書》，團結出版社。
3. 漢語網
4. 《無為丹道》，藍石著。
5. 《悟真篇；無為丹道二》，藍石註。
6. 《呂祖五篇注》，清，傅金銓註。
7. 《沁園春註》，宋，蕭廷之註。
8. 《沁園春註》，俞琰註。
9. 《敲爻歌註》，姑蘇玉峯無瑕子錢道華。
10. 《四庫全書·全唐詩》。
11. 《黃鶴賦解說》，高帥。
12. 《黃帝內經》。
13. 《全唐詩》，曹寅編。

國家圖書館出版品預行編目資料

呂洞賓的詩與道：仙詩與丹道修行之門／藍石著. --初版.--臺中市：白象文化事業有限公司，2024.4
ISBN 978-626-364-266-9（平裝）
1.CST: (唐)呂洞賓　2.CST: 道教修鍊
3.CST: 詩評
234.51　113001578

呂洞賓的詩與道：仙詩與丹道修行之門

作　　者　藍石
校　　對　龔軒玉、鄭克盛
封面設計　施展
發 行 人　張輝潭
出版發行　白象文化事業有限公司
412台中市大里區科技路1號8樓之2（台中軟體園區）
出版專線：（04）2496-5995　傳眞：（04）2496-9901
401台中市東區和平街228巷44號（經銷部）
購書專線：（04）2220-8589　傳眞：（04）2220-8505
專案主編　陳逸儒
出版編印　林榮威、陳逸儒、黃麗穎、陳媁婷、李婕、林金郎
設計創意　張禮南、何佳諠
經紀企劃　張輝潭、徐錦淳、林尉儒
經銷推廣　李莉吟、莊博亞、劉育姍、林政泓
行銷宣傳　黃姿虹、沈若瑜
營運管理　曾千熏、羅禎琳
印　　刷　基盛印刷工場
初版一刷　2024 年 4 月
定　　價　580 元